AF558635

Die Macht der Visualisierung

Wie Sie mit der Kraft Ihrer Gedanken und dem Gesetz der Anziehung all Ihre Ziele mit Leichtigkeit erreichen und Glück, Gesundheit und Erfolg wie ein Magnet anziehen

INHALT

1. Vorwort

Liebe Leser*innen, ich heiße Sie ganz herzlich willkommen und freue mich sehr, dass Sie Ihre Superkraft entdecken und nutzen wollen! In diesem Moment sind Sie vielleicht noch etwas verwirrt oder einfach neugierig, was genau das wohl bedeuten mag. Nun, Sie werden mich in diesem Ratgeber auf einen Exkurs in die Welt der Gedanken und Imagination, einem Teil von uns, der sehr viel Raum in unserem Leben einnimmt, aber dennoch oft schwer zu beeinflussen und wenig greifbar scheint, begleiten.

Gedanken sind nicht nur allgegenwärtig, sie besitzen auch eine große Macht, die das Leben maßgeblich beeinflusst. Wie wundervoll wäre es also, allein durch die Kraft der Vorstellung sein Leben grundlegend positiv verändern zu können?

Wenn man all die Ziele und Wünsche erreichen könnte, nur mit dem, was einem schon von Geburt an mitgegeben wurde? Die gute Nachricht ist: Es ist möglich, nämlich durch Visualisierung, eine Technik, bei der man sich die gewünschten Situationen immer wieder gedanklich genau vorstellt, bis sie so vertraut sind, dass sie zur Realität werden.

Die meisten würden nun behaupten, das sei völliger Schwachsinn oder spirituelles Gerede, das nichts mit der Realität zu tun hat. Vielleicht gehören auch Sie zu diesen kritischen Menschen oder Sie würden es gern glauben und ausprobieren, wissen aber nicht, wie man die Sache richtig angeht. In beiden Fällen und natürlich auch, wenn Ihnen das Visualisieren schon bekannt ist, Sie es aber noch vertiefen wollen, kann ich Ihnen mit diesem Ratgeber zur Seite stehen.

Denn bei der Technik des Visualisierens handelt es sich nicht um ‚Hokuspokus', sondern um eine wissenschaftlich erforschte und sehr erfolgreiche Variante des mentalen Trainings. Egal, ob Sie etwas an sich selbst verändern, Ihr Leben optimieren und erfolgreich werden oder ein scheinbar unerreichbares Ziel erreichen wollen – in jeder Hinsicht wird Ihnen die Technik behilflich sein. Sie brauchen dafür nur sich selbst, dieses Buch und natürlich Interesse und ein wenig Geduld. Wenn Sie also bereit sind, Ihr Leben zum Positiven zu wandeln und Ihre Träume endlich zu verwirklichen, dann folgen Sie mir und werden Sie zum/zur Superheld*in Ihres eigenen Lebens!

2. Eine persönliche Anekdote

Eventuell fragen Sie sich, was genau mich als Autor dazu berechtigt, diesen Ratgeber zu verfassen und warum mir dieses Thema so am Herzen liegt. Natürlich ist dieser Ratgeber hauptsächlich darauf ausgerichtet, Ihnen viele Tipps mit an die Hand zu geben, die helfen, die Visualisierung in Ihren Alltag zu integrieren und einen möglichst guten Erfolg damit zu erzielen.

Dazu werde ich die verschiedenen dazugehörigen Aspekte beleuchten und alles Wissenswerte an Sie weitergeben. Aber da es nicht nur eine trockene Anleitung werden soll, sondern leicht für Sie verständlich und praxisnah, finde ich es wichtig, auch meine persönlichen Erfahrungen mit Ihnen zu teilen. Deswegen erzähle ich vorneweg meine persönliche Geschichte, wie ich überhaupt auf das Thema Visualisierung kam und was mich bewegt hat, genauer gesagt, wie es mein Leben verändert hat.

Man würde es vielleicht nicht vermuten, aber ich gehörte früher auch zu den Menschen, die dem Thema Visualisierung eher kritisch gegenüberstanden. Ich hatte damals eine Freundin, die sich sehr viel mit allem, was den Geist angeht, beschäftigte, und ein großer Fan des Visualisierens war. Immer, wenn sie zu mir sagte „Man muss sich (das Ziel) nur genau ausmalen, wünschen und ohne Zweifel daran glauben, dann erfüllt sich das.“, belächelte ich sie und dachte mir insgeheim, dass es ja schön wäre, wenn das so funktionieren würde, aber dass es absolut unrealistisch sei.

Gleichzeitig beneidete ich sie aber auch immer etwas, da ihr Leben recht gut verlief und sie ziemlich glücklich auf mich wirkte. Sie war stets von dieser positiven und optimistischen Ausstrahlung umgeben. Ich hingegen hatte schon immer mit einigen Problemen zu kämpfen, unter anderem mit einer sozialen Angststörung. Ich wollte gern offen und kommunikativ sein, aber es fiel mir furchtbar schwer, auf jegliche Form der sozialen Interaktion einzugehen, da mich stets das dumpfe, unangenehme Gefühl der Angst begleitete. Ich beneidete Leute, die damit keine Probleme hatten, zutiefst, denn natürlich schränkte diese Angst auch meine Möglichkeiten ein.

Es gab Jobs, die ich nicht annahm, interessante Leute, die ich nicht kennenlernte, und ich fühlte mich generell wahnsinnig unwohl und wurde einsamer, je mehr die negativen Gedanken und das Gefühl der Angst mich einnahmen. Definitiv kein Zustand, in dem sich das Leben genießen lässt, deswegen verbrachte ich unzählige Abende im Bett und grübelte, wie ich aus dieser misslichen Lage entkommen könnte. Ich wollte wirklich, dass mein Leben sich endlich ins Positive verändert. Die Gefühle wurden immer schlimmer, bis ich irgendwann glücklicherweise einen Therapieplatz bekam.

Ab da wurde mir einiges bewusst, unter anderem wie mächtig Gedanken sind, denn der Kopf beeinflusst schließlich das ganze Leben, was sich in meinem Fall natürlich negativ äußerte. Aber im Umkehrschluss bedeutet das auch, dass der Geist genauso fähig ist, das Leben positiv zu beeinflussen, wenn das ‚Mindset' dementsprechend ausgerichtet ist. In und neben meiner Therapie setzte ich mich also mehr mit dem Thema Visualisierung auseinander. Ich vergrub mich in Büchern und Artikeln, wendete die Techniken in der Therapie und zu Hause an, um irgendwann tatsächlich einen Weg zu finden, der mich zu ersten kleinen Erfolgen führte.

Ich begab mich immer tiefer in die Materie, mal mit Misserfolgen, aber auch immer wieder mit Erfolgen. Und so schlich sich langsam ein positiver Wandel in mein Leben. Ich merkte, wie sehr ich mich geistig veränderte und wie viel heller es plötzlich in mir war. Es tat mir gut, mein Charakter veränderte sich positiv, Wünsche und Ziele erfüllten sich und mein Leben wurde in vielerlei Hinsicht bereichert. Natürlich war es nicht immer ein einfacher Weg und manchmal war ich auch frustriert und wollte aufgeben. Aber auf lange Sicht gesehen, bin ich froh, mich auf diesen Weg begeben zu haben, denn die Qualität meines Lebens ist so viel besser als früher! Ich habe Ziele erreicht, bei denen ich ein Jahr zuvor noch gesagt habe: „Das werde ich niemals im Leben erreichen!". Um das zu verdeutlichen, folgt ein für mich sehr wichtiges Beispiel: Wie eben erwähnt, beeinflusste die Angststörung mein Leben extrem. (Ich habe mich in meinen schlimmsten Zeiten nicht einmal getraut, anderen Leuten ‚Hallo' zu sagen und habe deswegen möglichst Situationen gemieden, in denen es dazu hätte kommen können.)

Durch die Visualisierung habe ich es nach einiger Zeit geschafft, auf einer Messe zu arbeiten, bei der ich lauter fremde Leute ansprechen und sie zu einem Thema befragen musste. Für jemanden, der keine Probleme im sozialen Bereich hat, mag dies nach nicht viel klingen, aber für mich war es ein Riesenerfolg. Dieser Moment, zusammen mit anderen Erfolgserlebnissen (wie zum Beispiel der Zusage zu einem Job, den ich unbedingt haben wollte), hat mich dazu bewegt, diesen Ratgeber zu schreiben. Ich habe Ziele erreicht, die für mich absolut unerreichbar schienen und das nur mit gezieltem Training meiner mentalen Stärke. Ich bin ein glücklicherer, erfolgreicherer und offener Mensch geworden und ich kann endlich mein Leben selbstbestimmt leben.

Auch wenn Sie sich noch unsicher sind, ob das auch für Sie so funktionieren kann, probieren Sie es aus. Sie haben letztendlich nichts zu verlieren und im besten Fall werden Ihre Träume und Ziele endlich real. Mit diesen hoffentlich motivierenden Worten können wir nun in die Theorie und Praxis des Visualisierens starten.

3. Die Visualisierung

3.1 DER BEGRIFF

Was genau versteht sich denn eigentlich unter Visualisieren? Visualisieren bedeutet, grob gesagt, etwas umzusetzen, das vorher im Kopf konzipiert wurde. Auch in der Welt der Kunst und Technik wird eine Variante des Visualisierens verwendet, um etwas zu veranschaulichen, um etwas Abstraktes deutlich zu machen.

Letztendlich ist das mentale Visualisieren ähnlich, auch hier werden im Kopf klare Bilder über ein Ziel oder einen Wunsch geformt, damit er in die Realität umgesetzt werden kann.

Dabei werden aber nicht nur die äußeren Fähigkeiten des Sehens und Erschaffens genutzt, sondern vor allem das innere Auge, welches in direkter Beziehung mit den Gefühlen steht. Denn nur durch die klare, emotionale Vorstellung wird es möglich, die nötige Motivation und Energie aufzubringen, die Einen zum Ziel führen wird. Sie haben nun vielleicht die Bedenken, dass Sie dafür nicht kreativ genug sind, aber keine Sorge – jede*r hat diese Kreativität in sich! Kinder nutzen die Vorstellung und Kreativität regelmäßig, um sich neue, fantastische Welten auszumalen. Die Fähigkeiten sind jedem von uns von Geburt an mitgegeben. Aber warum bleibt dann oft als Erwachsener das Gefühl, diese verloren zu haben? Das liegt daran, dass es mit ansteigendem Alter immer wieder Niederschläge gibt, das Leben wird stressiger und anspruchsvoller und lässt wenig Freiraum für die grenzenlose Kreativität des Geistes.

Doch die gute Nachricht ist, dass die Fähigkeit nie ganz verloren geht. Sie ist vielleicht ein bisschen im Inneren vergraben, aber sie lässt sich wieder vollständig hervorholen. Jeder ist dazu fähig, die Kraft des

Geistes zu nutzen, wenn er/sie weiß, wie!

3.2 DER PHYSISCHE HINTERGRUND

Eine der meist gestellten Fragen in diesem Themenbereich ist, wie es denn sein kann, dass die Technik funktioniert und welche wissenschaftliche Erklärung dahintersteckt. Das ist eine berechtigte Frage, die sich schon mehrere Menschen gestellt haben, denn tatsächlich ist das Visualisieren Gegenstand einiger Forschungen gewesen, wodurch man mittlerweile nachvollziehen kann, welche chemischen und physikalischen Prozesse im Gehirn, beziehungsweise im Körper, ablaufen.

Der nachfolgende Absatz gibt einen etwas vereinfachten Überblick über die Forschungsergebnisse, damit Sie gleich zu Beginn ein besseres Verständnis für die Kräfte und Vorgänge in Ihrem Körper bekommen.

3.2.1 Das Gehirn

Mit Sicherheit haben Sie schon einmal etwas über den Placebo-Effekt gehört. In verschiedenen Studien zeigte dieser zum Beispiel, dass verabreichte Medikamente eine Wirkung bei einer Gruppe erzielen, obwohl diese Medikamente absichtlich keine Inhaltsstoffe besitzen, die wirklich etwas im Körper verändern würden. Es funktioniert trotzdem, weil die Menschen daran glauben, dass sich durch das Medikament etwas verändert und entsprechende Vorgänge im Körper einsetzen.

Es gibt aber auch den Nocebo-Effekt, das Gegenstück zum Placebo-Effekt. Bei diesem werden negative körperliche Wirkungen entdeckt, obwohl es rein wissenschaftlich keinen Anlass dazu gibt. Es hängt also wieder mit der Einstellung des getesteten Menschen zusammen, der in diesem Fall etwas Schlechtes erwartet und diese Signale an seinen Körper weitergibt. Was steckt körperlich dahinter?

Das Gehirn funktioniert durch Verknüpfungen von Neuronen, zwischen denen elektrische Impulse mit bestimmten Informationen ausgetauscht werden. Je nachdem, ob man positiv oder negativ denkt, werden dabei unterschiedliche Gehirnzellen und Impulse genutzt, es ist sogar so, dass sich der öfter genutzte Teil vergrößert, während sich der wenig genutzte Teil verkleinert.

Das Gehirn hat also eine Plastizität, die veränderbar ist, und baut dementsprechend das aus, was häufiger gebraucht wird. Denken Sie also sehr oft negativ, funktioniert das wie eine Art Abwärtsspirale, denn das Gehirn baut diesen Teil immer weiter aus, wodurch es immer wahrscheinlicher wird, dass Sie genau diese Gehirnzellen wieder nutzen. Das hört sich nun im ersten Moment recht negativ an, aber es darf nicht außer Acht gelassen werden, dass dies auch genauso auf die positive Weise funktioniert.

Dadurch, dass sich die Teile des Gehirns, die nicht viel genutzt werden, wieder verkleinern, bedeutet das: Selbst, wenn Sie bisher eher ein negativ denkender Mensch waren, lässt sich Ihr Gehirn in ein positiv denkendes (zurück) umformen, indem man gezielt die positiven Zellen trainiert und die schlechten vernachlässigt. Sie können also Ihr Gehirn gezielt programmieren und das funktioniert in jeder Altersstufe und Lebenssituation!

3.2.2 Physik und Biologie

Als ich diese Überschrift schrieb, musste ich ein wenig schmunzeln, denn vermutlich sind bei Einigen direkt die schlechten Erinnerungen an zurückliegende, quälende Schulstunden in diesen Fächern geweckt. Aber ich kann Sie beruhigen, auch ich erinnere mich nicht gern an das Fach Physik zurück und trotzdem fand ich das, was ich Ihnen nun folgend erklären werde, sehr spannend!

Wir beginnen ganz einfach beim Aufbau eines Körpers oder auch Gegenstandes. Jede Masse oder Materie, die wir betrachten können, besteht nämlich aus Atomen, der unterschiedliche Aufbau der Masse kommt durch unterschiedliche Verknüpfungen von Atomen zustande. Atome bestehen wiederum aus Protonen, Neutronen und Elektronen, also aus sogenannten Elementarteilchen. Dabei gilt, dass Protonen und Neutronen den Atomkern bilden, während die Elektronen auf einer Art Bahn um diesen Kern kreisen.

Zwischen allen Bestandteilen des Atoms ist sehr viel leerer Raum vorzufinden, was für uns aber trotzdem als Materie sichtbar ist. Deswegen sagt man auch, dass wir als Menschen aus einer Art masseleerem Raum bestehen, der gefüllt ist mit Möglichkeiten, die Energie erzeugen können. Das nennt man auch ‚Möglichkeitenbereich'. Natürlich betrifft das, wie vorhin erwähnt, nicht nur uns Menschen, sondern man geht davon aus, dass die ganze Welt aus diesem Möglichkeitenbereich besteht.

Durch bestimmte Formen von erzeugter Energie können dann Moleküle geändert werden und Teilchen entstehen, die wiederum Kräfte übertragen. Von jeder Masse gehen also, grob gesagt, bestimmte Schwingungen aus, je nachdem, wie sie aufgebaut ist und welche Form von Energie dort erzeugt wird. Das hört sich zunächst sehr spirituell an, ist aber biologisch einfach vorgegeben, damit Interaktion und Beziehungen funktionieren. Wir nehmen diese Schwingungen wahr und verarbeiten sie im Gehirn zu hilfreichen Informationen.

Das mag jetzt erst einmal sehr abstrakt klingen, deswegen versuche ich, es kurz an einem Beispiel anschaulicher zu erläutern. In meiner Schulzeit belegte ich in der Oberstufe den Kunst-Leistungskurs. Ein regelmäßiger Bestandteil der Stunden war es, Bilder zu betrachten und auf ihre Merkmale und Wirkungen zu analysieren.

Es war immer wieder sehr interessant zu sehen, dass natürlich bei der oberflächlichen Beschreibung alle Schüler zunächst ungefähr das Gleiche sehen, aber dass es dann bei der Analyse sehr unterschiedliche Wahrnehmungen gab, allein schon bei der Wirkung der Farben. Das hängt eben mit dieser individuellen Verarbeitung im Gehirn zusammen, die auf Erfahrungen und Verknüpfungen zurückgreift und die empfangenen Schwingungen so auf eine bestimmte Weise einordnet. Das Gleiche gilt für Formen und alles andere, was ein Bild ausmacht. Auch wenn man im ersten Augenblick sagen könnte, dass es einfach nur ein nicht lebendiges Bild ist, das man betrachtet, so kann man doch nicht leugnen, dass wir auf das Bild reagieren, vielleicht sogar nur unbewusst, aber wir tun es. Entweder gefallen uns die Schwingungen, die davon ausgehen, oder sie stoßen uns ab. Dadurch, dass wir dazu gereizt werden, etwas zu denken, setzen wir selbst wieder einen Energieprozess in Gange.

Zum Beispiel bewegen sich Muskeln, also die Proteine, die unter anderem dafür verantwortlich sind, werden durch die Energie unserer Gedanken bewegt. Schon der berühmte Albert Einstein beschäftigte sich mit der Umwandlung von Energie zu Masse und andersherum.

Vermutlich ist Ihnen die Formel schon begegnet, vielleicht wissen Sie auch bereits, was dahintersteckt. Ich muss zugeben, ich wusste zwar, wie die Formel ungefähr aussieht, aber lange nicht, was sie bedeutet. Um es sehr vereinfacht zu sagen, bedeutet sie, dass Energie und Masse einen direkten Zusammenhang haben und sich somit gegenseitig beeinflussen. Daran schließt sich auch das Gesetz der Energieerhaltung an. Es besagt, dass alles in diesem Universum aus Energie besteht, diese Energie kann niemals verloren gehen, sondern wandelt sich immer nur in andere Formen von Energie um.

Was genau lässt sich daraus aber jetzt in Bezug zur Visualisierung für uns schließen? Wir erschaffen eine Masse durch unsere Energie, die in Form unserer Gedanken entsteht. Wir formen also letztendlich unsere Energie in Materie um. Wie diese aussieht, richtet sich daran aus, wie wir unsere Energie fließen lassen und wonach wir uns im Leben ausrichten, was wir visualisieren. Diese Energieumwandlung passiert also nicht wahllos, sondern kann direkt von uns beeinflusst werden, genau wie unser Gehirn. Je mehr wir an etwas denken und uns darauf fokussieren, desto mehr und desto kraftvollere Energie lassen wir in diese Richtung entstehen. Unsere Gedanken sind also im wahrsten Sinne des Wortes mächtig, das wird sehr oft unterschätzt. Sie sind nicht nur flüchtige Sätze in unserem Kopf, sondern haben einen enorm großen Einfluss und sind entscheidend dafür, ob wir unsere Energie in positive oder negative Dinge umwandeln, die wiederum den Lauf unseres Lebens beeinflussen.

Ein weiterer, wichtiger Aspekt stammt aus dem Bereich der Biologie. Jeden Tag nehmen wir sehr viele Umstände und Aspekte wahr und trotzdem sehen wir nur einen geringen Teil von dem, was wirklich alles in dieser großen Welt vorhanden ist. Das ist natürlich, denn unser Gehirn muss natürlich das aus den ganzen Eindrücken herausfiltern, was für uns wichtig ist wahrzunehmen, weil wir sonst wohl ziemlich schnell überfordert wären.

Aber auch abgesehen vom Gehirn gibt es unzählige Dinge, die auch unsere Augen und die anderen Sinnesorgane nicht wahrnehmen. Es wird uns nie gelingen, jede Facette eines Moments aufzunehmen. Das liegt unter anderem daran, dass wir von unseren Erwartungen und Erfahrungen geprägt sind und so schon von vorneherein eine Art Richtung in uns haben, auf die wir uns konzentrieren, wodurch uns Dinge außerhalb dieses Spektrums überhaupt nicht auffallen.

Wobei man dazu sagen muss, dass das Unterbewusstsein immer wieder auch Dinge aufnimmt, die uns aktiv nicht auffallen, an die wir uns aber manchmal später erinnern können, wenn wir innerlich anders ausgerichtet sind. Grundsätzlich kann man aber festhalten, dass die Realität etwas sehr Subjektives ist und somit für jeden eine andere Bedeutung hat. Aber das ermöglicht auch eine großartige Chance: Wenn Sie wollen, können Sie sich eine ganz andere Realität aufbauen, einfach, indem Sie sich auf andere Dinge konzentrieren, andere Teile der Wirklichkeit kennenlernen und erforschen. Sie sind nicht in Ihrer jetzigen Realität gefangen, sondern können bewusst Ihren eigenen Weg wählen. Das ist auch der Grund, warum Visualisierung so wunderbar funktioniert.

3.2.3 Das Herz

Es gibt aber noch einen Teil des Körpers, der eine so wichtige Rolle einnimmt, dass ich im Folgenden gesondert auf ihn eingehe. Vermutlich ist Ihnen der Spruch: „Das spricht mir aus dem Herzen" bekannt. Dass das Herz aber einen sehr großen körperlichen Einfluss hat, ein noch größeres Energiefeld und damit mehr Einfluss als das Gehirn hat, ist vielen nicht so unbedingt bewusst.

Auch die Forschung war lange der Ansicht, das Gehirn spiele die größte Rolle bei Handlungen und der Weitergabe von Informationen im Körper. Aber nach einigen Forschungsarbeiten stellte man fest, dass das Herz die größte Anzahl elektromagnetischer Impulse sendet und mit dem Gehirn kommuniziert. Dabei werden vom Herzen Emotionen und auch verinnerlichte Glaubenssätze in Form der Impulse übermittelt, die das Gehirn dann als Informationen verarbeitet und so Handlungen erzeugt. Hier wird also ersichtlich, welchen großen Einfluss Emotionen und Gefühle auf Handlungen und somit die Richtung, die unser Leben nimmt, haben. Es gibt sogar Fälle, bei denen ein Herz transplantiert wurde und die Empfänger danach deutliche Verhaltensweisen des Spenders zeigten, ohne diese vorher jemals gehabt zu haben.

Das bedeutet: Um unseren Körper und Geist dazu zu bringen, uns Richtung des gewünschten Zieles oder Erfolges zu bewegen, müssen wir unser Herz betrachten. Wir müssen positive Gefühle wie Liebe, Freude, Dankbarkeit und alles, was das Herz erfüllt und leicht macht, anstreben und nach Lösungen suchen, um negativen Gefühlen dort wenig Platz zu bieten. Aber auch unsere verinnerlichten Glaubenssätze müssen beinhalten, dass wir von unserem Erfolg überzeugt sind und von unserer eigenen Stärke wissen.

Wichtig ist auch, dass wir zwar mit den Augen sehen können und Dinge erblicken, die uns gefallen, aber dass nur das, was wir mit dem Herzen auch wirklich wollen und begehren, hilft, uns wirklich zu verändern und unser Leben in die richtige Richtung zu leiten. Das Herz lässt sich nicht belügen, deswegen bringt es nichts, ein Ziel zu verfolgen, was zwar andere für großartig und erstrebenswert empfinden, das für Sie aber nicht wirklich das ist, was Sie wollen.

Es gibt den sehr passenden Spruch von Carl Gustav Jung: „Deine Vision wird klar, wenn du in dein Herz schaust. Wer nach draußen schaut, träumt. Wer nach innen schaut, erwacht."

Für die Visualisierung gilt also: Nur dann, wenn sie mit Herzblut umgesetzt wird und man seine eigenen Bestimmungen und Ziele fokussiert, funktioniert sie wirklich. Mir ist auch bewusst, dass das meistens nicht auf Anhieb klappt, sonst wären Ratgeber zu diesem Thema überflüssig. Ich werde Ihnen deswegen im Laufe des Buches einige Tipps und Vorgehensweisen mitgeben, um die Einstellungen über sich selbst und zum Leben erfolgreich und nachhaltig positiv zu verändern.

3.2.4 Gesetz der Resonanz

Ein letzter, wichtiger Hintergrund, der sich mit den vorangegangenen Erklärungen ergänzt, ist das Gesetz der Resonanz. Bei diesem spricht man davon, dass Gleiches immer Gleiches anzieht. Was genau bedeutet das? Wenn wir negativ gestimmt sind, ziehen wir auch Negatives an, gleiches gilt natürlich auch für das Positive.

Wenn wir nicht daran glauben, dass etwas Gutes passiert und uns sehr viel mit schlechten Gedanken und Gefühlen beschäftigen, richten wir unser Leben nach solchen Situationen aus und erwarten unbewusst, dass auch genau das passiert. Ich persönlich habe das gut an Beziehungen merken können. Mein Elternhaus war sehr disharmonisch und der neue Mann meiner Mutter behandelte sie jeden Tag herablassend. Ich verinnerlichte eine negative Beziehungseinstellung und suchte unbewusst auch immer nach Männern, die diese Struktur ebenfalls mit mir lebten.

Ich erwartete, nicht gut behandelt zu werden und zog durch diese Schwingungen Partner an, die genau das erfüllten und mich somit in meiner Erwartung bestätigten. Zum Glück habe ich das irgendwann verstanden und ändern können, aber das Gesetz der Resonanz gilt für alle Lebensbereiche.

Ein einfaches Beispiel, was vermutlich jede*r im eigenen Leben schon erfahren hat. Kennen Sie das, wenn Sie einen guten Tag haben? Sie stehen morgens auf, haben direkt schon ein gutes Gefühl und es glückt Ihnen einfach alles? Der Kaffee schmeckt perfekt, Sie bekommen eine großartige Nachricht während des Frühstücks, starten voller Motivation in den Tag und es scheint plötzlich alles wie am Schnürchen zu laufen.

Leider gibt es genau das Gleiche auf die negative Weise. Sie stehen auf und wissen schon, dass dieser Tag blöd verlaufen wird, Ihnen fällt die Tasse beim Frühstück herunter, Sie bekommen eine schlecht gelaunte Nachricht von Ihrem Chef und alles, was ansteht, scheint schief zu laufen. Das ist die Resonanz auf Ihre Einstellung und Gedanken, die Sie an dem Tag vorgeben. Sie rechnen fest damit, dass der Tag schlecht läuft? Dann senden Sie diese negative Energie aus und es reagieren nur Dinge mit einer ähnlich negativen Schwingung darauf.

Allgemeiner gehalten gilt also auch: Niemand wird Erfolg haben, der von sich selbst denkt, er/sie sei nicht gut genug und habe das nicht verdient. Man versperrt sich schon von vorneherein die wunderbaren Möglichkeiten, die geschehen könnten.

Das Gute ist aber auch hier wieder, wenn man umgekehrt ein Ziel positiv und klar vor Augen hat und es immer wieder visualisiert, sich sicher ist, dass es gut laufen wird, wird man auch Umstände und Personen anziehen, die einem dabei behilflich und positiv stärkend sind. Wir sind unserem (inneren) Leben nicht einfach ausgeliefert, sondern können es aktiv beeinflussen und mit diesem Buch sind Sie auf dem besten Weg dazu. Jedes Lebewesen und jede Materie, die man auf dieser Welt findet, haben bestimmte Schwingungen, das haben wir bereits durch die Physik gelernt. Wenn Ihnen das Wort Schwingungen befremdlich vorkommt, können Sie dieses auch einfach mit dem Wort Wellenlänge ersetzen. Jeder kennt das Gefühl, dass man mit manchen Menschen einfach ganz natürlich auf einer Wellenlänge zu sein scheint und mit anderen wiederum so gar nicht. Das ist nicht immer begründbar, aber hat fast immer seine Berechtigung.

Diese Menschen passen oder passen nicht zu uns, sie haben einfach andere Schwingungen, sind also auf andere Sachen ausgerichtet als wir und haben dadurch eine andere Energie. Es ist also interessant bei sich selbst zu forschen, welches Resonanzfeld und welche Schwingungen wir aussenden und damit auch zu wissen, was und wen wir damit anziehen. Wenn das nicht das ist, was wir anziehen wollen, müssen wir also etwas daran und an uns ändern.

Da Sie dieses Buch mit Sicherheit lesen, weil Sie den Erfolg anziehen wollen (in welcher Form auch immer), müssen Sie Ihr Inneres also erfolgreich polen. Denn sobald Sie darauf eingestellt sind und Ihre Vision mit Freude verfolgen, werden Sie vom Gesetz der Resonanz enorm profitieren. Deswegen folgt nun eine Schritt-für-Schritt-Anleitung, die ich auf meinem Weg erarbeitet, bearbeitet und dementsprechend auf Herz und Nieren geprüft habe. Der Erfolg wartet auf Sie, lassen Sie uns beginnen!

4. Schritt für Schritt Anleitung zum Erfolg

4.1 SCHRITT 1: AUSEINANDERSETZUNG MIT DEM EIGENEN SELBST

Was ganz am Anfang stehen muss und mit Sicherheit auch eine der schwersten Aufgaben darstellt, ist das Auseinandersetzen mit dem eigenen Leben, mit Bedürfnissen, Problemen und allem, was einen ausmacht. Besonders heutzutage nimmt man sich oft viel zu wenig Zeit dafür.

Ich habe mir früher oft neben den alltäglichen Pflichten auch in meiner freien Zeit noch alles vollgepackt, was letztendlich zu einem enormen Stress geführt hat. Ich hatte zwar das Gefühl, ich mache nur Aktivitäten, die einen Nutzen in irgendeiner Form haben und mein Gewissen befriedigen, wodurch es mir einigermaßen gut ging, aber letztendlich war es einfach nur eine Methode, um bloß nicht mit meinen Gedanken allein sein zu müssen. Denn immer, wenn es zu solchen Momenten kam, war ich in einem Gedankenkarussell aus negativen Gedanken gefangen, was mich dazu führte, mir die schrecklichsten Situationen auszumalen.

Erst durch die Visualisierung begriff ich, dass es gut ist, Zeit zum Nachdenken und Träumen zu haben, wenn man sich dabei auf das Positive fokussiert. Vielleicht geht es Ihnen psychisch gut, aber Sie wissen nicht so richtig, was das Ziel in Ihrem Leben ist. Oder Sie haben sehr entfernt erscheinende Träume, was deprimierend ist und weswegen Sie nicht viel Zeit darauf verwenden. Immer wieder ist es aber auch die Umwelt, die einen vom Träumen abhält, zum Beispiel dadurch, dass jede Begeisterung durch Kritiker im Keim erstickt wird. Oder aber Sie wissen ganz genau, was Sie erreichen wollen, finden nur bisher keine

Möglichkeit, wie es funktionieren kann. Wie Sie sehen, gibt es sehr unterschiedliche Situationen, die einen bewegen. Egal, in welcher davon Sie stecken, es ist wichtig, sich regelmäßig Zeit zu nehmen, ganz bewusst darüber nachzudenken, wo man gerade im Leben steht, was einen beschäftigt, was geändert werden soll und welche Ziele man sich wünscht. Deswegen folgt nun der erste Praxistipp.

Aufgabe
Nehmen Sie sich etwas Zeit, gern auch an mehreren Tagen, und ziehen Sie sich an einen ruhigen Ort zurück, an dem Sie sich wirklich nur auf sich selbst konzentrieren können. Bereiten Sie außerdem ein Blatt Papier und einen Stift vor, besser noch ein kleines, leeres Notizbuch, um zu folgenden Fragen Ihre Gedanken notieren zu können. Das ist sehr hilfreich für eine ordentliche und helfende Struktur für Ihren Prozess. Durch Benutzen verschiedener bunter Farben für die unterschiedlichen Lebensbereiche oder Gefühle, schafft man einen noch besseren Überblick und kann auch auf lange Sicht gut damit arbeiten. Ein kleines Prozess-Buch an der Seite zu haben empfehle ich besonders, da man alles übersichtlich gebündelt hat und es sehr schön sein kann, auf dem Weg immer einen Halt zu haben. Und auch später kann man es immer wieder durchblättern und sich erinnern. Es ist quasi Ihre eigene Geschichte, Ihr eigenes Drehbuch, das Sie schreiben!

•Fragen & Denkanstöße•

Wie fühlen Sie sich gerade?

Wo stehen Sie im Leben? Sind Sie zufrieden mit Ihrem Beruf?

Wie ist Ihre Beziehungssituation?

Wie beschreiben Sie sich charakterlich und wie bewerten Sie diese Eigenschaften?

Welche weiteren wichtigen Dinge gibt es in Ihrem Leben, was nimmt einen großen Anteil ein? Was hätten Sie gern in Ihrem Leben, was aber momentan nicht da ist?

Gibt es konkrete Ziele? (Diese können sowohl nah als auch fern sein und es ist auch überhaupt nicht schlimm, wenn diese Ihnen momentan nicht realistisch erscheinen.) Vielleicht fällt es Ihnen auch zunächst schwer, einen direkten Wunsch zu formulieren. Dann ist es oft hilfreich, erst einmal die Dinge aufzuschreiben, die man nicht will und mit denen man unzufrieden ist.

Was bereitet Ihnen Probleme, was würden Sie gern verändern oder zumindest optimieren?

Wenn das geschafft ist, lassen sich diese negativen Aspekte nämlich ins Gegenteil übersetzen, wodurch man daraus schließen und aufschreiben kann, wie die Situation sein muss, damit sie positive Gefühle weckt.

Ganz besonders wichtig ist nun: Mit welchen Gefühlen denken Sie an die Wünsche? Notieren Sie diese Gefühle zu den jeweils aufgeschriebenen Aspekten.

Besonders durch die Farben erkennen Sie nun schnell, wie Ihr Leben insgesamt verläuft und vor allem, in welchen Bereichen es Ihnen gut oder eher schlecht geht. Vielleicht haben Sie schon direkte Wünsche und Ziele formuliert, die Ihnen nun noch einmal deutlich vor Augen liegen, oder Sie haben jetzt zumindest Anstöße bekommen, in welchen Bereichen Veränderungen und neue Ziele Ihre Lebensqualität verbessern können. Ich finde es sehr hilfreich, so einen niedergeschriebenen Überblick über das innere und äußere (Er-)Leben vor sich zu haben, denn nun haben wir eine Grundlage, um das Visualisieren erfolgreich zu starten.

4.2 SCHRITT 2: KONKRETES ZIEL FESTLEGEN

Sie sind wahrscheinlich voller Freude bereit, Ihre aufgeschriebenen Ziele umsetzen zu wollen. Es wird allerdings anfangs nicht einfach sein, aus vollem Herzen an die Kraft der Visualisierung zu glauben und so sollte man sich langsam daran gewöhnen. Deswegen muss ich Sie zunächst ein bisschen bremsen und eine kleine Übung einbauen, bevor wir richtig loslegen.

Aufgabe
Wir wollen nun erst einmal ein kleines Ziel erreichen, etwas Alltägliches, dem Sie keine besonders große Bedeutung zu messen, was aber trotzdem erfreulich wäre. Nehmen wir an, Sie wollen morgen einkaufen gehen und haben besonders Lust auf eine bestimmte Sorte Joghurt. Es wäre doch umso besser, wenn diese Sorte morgen im Angebot wäre, oder? Sie kaufen den Joghurt zwar auch, wenn er nicht im Angebot ist, aber Sie würden sich natürlich schon darüber freuen. Nun starten wir mit einer Mini-Visualisierung (die ausgereifte Form erläutere ich später noch genau, Sie sollen erst einmal überhaupt ein Gefühl dafür bekommen). Schließen Sie die Augen und denken Sie an das Regal, in dem der Joghurt steht. Stellen Sie sich vor, wie Sie darauf zulaufen und sehen, dass Ihnen das Preisschild rot entgegen leuchtet, was ein sicheres Zeichen dafür ist, dass dort ein Angebot auf Sie wartet. Sie bleiben direkt vor dem Regal stehen und sehen, dass er sogar um 50 Cent reduziert ist und spüren die Freude in sich aufsteigen. Sie greifen sich zwei Stück davon und lächeln, weil Sie so direkt auch noch Ihrem Partner eine Freude machen können, der den Joghurt ebenso gern isst. Sie betrachten den reduzierten Joghurt in Ihren Händen, freuen sich über den Moment und auf später und spüren jetzt schon, wie Ihnen das Wasser im Mund zusammenläuft.

Spüren Sie noch einen Moment das Gefühl und schließen Sie dann Ihre kleine Visualisierung ab. Sie können diese gern am nächsten Morgen noch einmal kurz wiederholen. Versuchen Sie, davon auszugehen, dass das morgen so sein wird und versuchen Sie dann erst einmal, nicht mehr so viel daran zu denken, weil das häufige Nachdenken anfangs eher die Zweifel aufkommen lässt. Sagen Sie sich „Der Joghurt ist morgen im Angebot und ich kaufe ihn!" und geben Sie es ab. (Oder was auch immer Ihr kleines Ziel sein mag.)

Sie werden vielleicht erstaunt sein, dass es dann auch so passiert. Aber das ist ein erster wichtiger Schritt, denn nun haben Sie ein bisschen mehr Vertrauen gesammelt, dass an dieser Sache mit der Visualisierung wirklich etwas dran ist und man vielleicht auch andere Dinge damit erreichen kann. Dieser Aufbau ist enorm wichtig, denn Vertrauen ist die Grundlage für den Erfolg. Dieses kleine, erreichte Ziel können Sie sich übrigens gern notieren, das ist eine gute Hilfe für den Verstand, der sich am Anfang gern querstellt.

Nach dieser Vorübung (die Sie beliebig oft wiederholen können), geht es nun speziell um Ihre aufgeschriebenen Ziele. Durch Ihre Mindmap aus dem ersten Schritt haben Sie nun schon mindestens ein Ziel oder gleich mehrere Ziele, die Sie erreichen wollen. Falls Sie mehrere haben, haben Sie nun die Wahl: Entweder fangen Sie mit einem etwas kleineren Ziel an oder direkt mit einem großen. Ich persönlich würde zunächst empfehlen, ein etwas kleineres Ziel zu wählen, um sich weiter an die Technik des Visualisierens heranzutasten und auf die Vorübung aufzubauen. Denn wie bei jeder anderen Technik auch, erfordert das Visualisieren Übung und ich fand es auf meinem Weg recht motivierend, immer wieder kleinere Zwischenerfolge zu haben. Was auch ein wesentlicher Punkt ist, ist die Tatsache, dass Sie sich bei einem kleineren Wunsch viel entspannter darauf einlassen können, als bei etwas, was Ihnen tatsächlich wichtig ist, was auch Bestandteil der Vorübung war. Ihre aufgeschriebenen Wünsche sind alle wichtiger als die Vorübung, aber auch bei diesen wird es Abstufungen geben.

Die Enttäuschung bei einem Ziel, was nicht ganz oben auf der Rangliste steht, ist viel geringer, falls es nicht funktionieren sollte, wodurch man mehr Vertrauen hineinsteckt. Wenn man dann auch diese kleinen Ziele erreicht und die Erfahrung sammelt, dass es immer häufiger funktioniert, wird es einem leichter fallen, auch bei den ganz großen Zielen das Vertrauen aufzubringen. Vielleicht haben Sie aber eben momentan nur ein ganz bestimmtes Ziel vor Augen, was Ihnen wichtig ist und was vielleicht recht groß ist. Das ist auch in Ordnung, Sie müssen dann nur ein bisschen mehr Geduld aufbringen und umso öfter Verstand, Emotionen und Gedanken trainieren, bis es sich verwirklicht.

Mit großer Wahrscheinlichkeit entdecken Sie aber zwischendurch auf Ihrem Weg auch noch kleinere Ziele, die Sie verwirklichen können und an denen Sie üben können. Doch egal, welche Größe die Ziele haben, es ist wichtig, zu keinem Zeitpunkt den Mut zu verlieren und Zweifel aufkommen zu lassen, was nur gelingt, wenn Sie das Ziel wirklich aus Freude und nicht aus dem Zwang heraus erreichen wollen. Sie sollten es aus Ihrem Herzen heraus forcieren und es als persönliche, schöne Lebensaufgabe sehen, die Ihr Leben bereichert und Spaß macht!

Aufgabe

Nehmen Sie nun Ihr Notizbuch in die Hand und schlagen Sie eine freie Seite auf. Sie können dort ein kleines Bild des ersten ausgewählten Ziels hineinkleben, zeichnen oder es auch einfach nur aufschreiben, so wie es für Sie ansprechend ist. Im Kapitel *Hilfsmittel* unter dem Aspekt *Vision-Board* kommen wir zwar noch genauer auf diese Methodik zu sprechen, aber ein kleiner Anreiz in Ihrem Buch zusätzlich kann nicht schaden. Je mehr Ziele irgendwann hinzukommen, desto motivierender ist, auch zu sehen, wie viel schon erreicht wurde, was definitiv einen weiteren

Motivationsschub für neue Ziele bringt. Sie haben nun also den Startpunkt für Ihre Reise gesetzt. Im Folgenden geht es tiefergehend um Ihr Innenleben, um dieses als Werkzeug zum Erfolg zu nutzen. Wie ich eben bereits angeschnitten habe, ist es wichtig, dass man den Mut besitzt und behält. Das wird der besondere Schwerpunkt im nächsten Kapitel sein.

4.3 SCHRITT 3: MUT UND VOLITION

Jeder von uns hat seine eigene Komfortzone, die wir oftmals eher ungern verlassen. Sicherheit ist schließlich ein gutes Gefühl und Veränderungen können mitunter anstrengend sein. Aber wenn wir betrachten, was alle Menschen, die etwas erreicht haben, gemein haben, stellen wir schnell eine bestimmte Eigenschaft fest: Es ist der Mut und die Bereitschaft, für Veränderungen offen zu sein. Mut ist ein viel verwendetes Wort, doch was genau ist seine Essenz? Mut kann in unterschiedlicher Form auftreten, im Bereich der Visualisierung bedeutet er, sich auf einen ungewissen Weg einzulassen, bei dem Sie nur das Ziel kennen und trotzdem Ihr ganzes Vertrauen dort hineinlegen.

Nur, wenn wir mit vollem Glauben an uns selbst die Sache angehen, können wir sie erreichen. Mir ist bewusst, dass dieser Schritt schwierig sein kann, denn wir wissen nicht genau, wie unser Weg verlaufen wird und müssen einiges von der Kontrolle abgeben, die wir gern über unser Leben haben. Besonders als Teil einer Gesellschaft, die sehr auf Sicherheit bedacht ist, wird man schnell komisch dafür angesehen, wenn man mutig seinen Weg geht und vielleicht dafür auch ungewöhnliche Wege einschlägt.

Es muss also eine aktive und mutige Entscheidung stattfinden, durch die eigene Zweifel und die Zweifel anderer bekämpft werden können. Denn es stellt sich an diesem Punkt in Ihrem Leben die Frage: Wollen Sie, wie die meisten Anderen, lieber ein eher unspektakuläres Leben in Sicherheit führen und sich mit Ihren jetzigen Umständen zufriedengeben oder entscheiden Sie sich für einen Weg, der vielleicht nicht ganz so bequem ist, aber sich dafür umso mehr lohnt, weil Sie alles erreichen können, was Sie möchten und sich mit nichts Geringerem zufriedengeben müssen? Das ist eine Entscheidung, die Ihren Mut fordert, die Sie für sich treffen müssen und nach der Sie auch leben werden. Nicht umsonst sprach der bekannte Dichter Friedrich Schiller einst: „Wer nichts waget, der darf nichts hoffen".

Aufgabe

Nehmen Sie wieder das kleine Buch zur Hand, in dem Sie Ihre Reise festhalten wollen. Es bietet sich an, auf oder nach der Seite mit Ihrem Ziel-Bild mit dem heutigen Datum zu starten und einen Satz wie „Ich bin mutig, denn heute beginne ich meine Reise, die meine Träume und Ziele verwirklicht.

Ich gehe diesen Weg, auch wenn ich dafür mein bisheriges Leben und damit meine Komfortzone ein Stück weit zurücklasse oder verändern muss. Ich weiß, dass es sich lohnt und ich bin voller Zuversicht, dass mein neuer Weg umso besser wird." oder einen ähnlichen Satz, der Ihnen ein Gefühl von Vorfreude bereitet und Sie in Ihrem Mut bestärkt, niederzuschreiben. Falls nämlich mal eine Phase kommt, in der Sie weniger Motivation oder mit Frust zu kämpfen haben, können Sie immer wieder auf diese Seite zurückkehren und daran denken, warum und mit welchem Gefühl Sie begonnen haben.

Das ist eine wirkungsvolle Strategie, um sich den Mut wieder zurückzuholen. Aber auch, wenn Sie sich jetzt noch gar nicht so super mutig fühlen, ist das nicht schlimm, denn es ist eine Eigenschaft, die man auch mit der Zeit ausbauen kann.

Zum Mut gehört auch die Frage der Bereitschaft. Gehen Sie in sich und fragen Sie sich, ob Sie wirklich dafür bereit sind, die Veränderung, die durch Ihr gewünschtes Ziel mit allen dazugehörigen Facetten ins Leben kommen wird, geschehen zu lassen. Ich erläutere kurz, was genau ich damit meine: Sie wollen zum Beispiel unbedingt diesen einen Traumjob haben, visualisieren ihn häufig und setzen sich dafür ein. Dann erfüllt er sich endlich und plötzlich mit der Realität konfrontiert, fühlen Sie sich überfordert, haben enorme Angst, ihm nicht gerecht werden zu können und zu versagen. Vielleicht nehmen Sie dann sogar den Job nicht an, obwohl es Ihr großes Ziel war und Sie fest davon überzeugt waren, Ihn zu wollen.

Es war Ihnen nicht bewusst genug, was genau das für Ihr Leben bedeutet und dass dadurch immer mehrere Bereiche des Lebens eine Veränderung erfahren, denn Sie haben nur daran gedacht, wie wundervoll es wäre, diesen Job zu haben, der so angesehen ist und Ihnen vielleicht viel Geld bringt. Deswegen ist es wichtig, sich wirklich von Anfang an mit seinen Zielen auseinanderzusetzen und zu überlegen, ob man mit den Konsequenzen und Umstellungen umgehen kann. Wenn Sie in dem Zug feststellen, dass Sie beispielsweise Angst vor den großen Aufgaben haben, aber trotzdem gleichzeitig wissen, dass Sie wirklich diesen Job haben wollen und er zu Ihnen passt, ist das sogar gut. Denn so können Sie von Beginn an auf Ihrem Weg an diesem Problem arbeiten und Ihren Traum trotzdem visualisieren. Dann sind Sie viel besser vorbereitet und sicher in Ihren Handlungen, wenn Ihre Visualisierung Realität wird. Es braucht also auch in diesem Punkt eine Art von Mut, sich reflektiert damit auseinanderzusetzen und ehrlich zu sich selbst zu sein.

Ich habe jetzt einige ernste Punkte angesprochen und Sie können sich gern Zeit damit lassen, diese sacken zu lassen. Mut ist definitiv nicht das einfachste Thema, aber deswegen ist es gut, direkt am Anfang darüber zu sprechen. Es geht vor allem darum, dass Sie in Kommunikation mit sich selbst treten und Ihre Gefühle reflektieren. Sie sollen bewusst handeln und dadurch weniger Zweifel und mehr Freude erleben können, also eine gute Basis, die Ihnen in Ihrem Prozess Stabilität gibt und Sie wachsen lässt. Ich verspreche Ihnen, dass nach diesem etwas schwereren ersten Schritt spannende und schöne Aufgaben auf Sie warten und Sie viel Vergnügen bei der Umsetzung haben werden.

Sagen Sie also Ja zu sich selbst, Ja zu einem Leben, wie Sie es sich wünschen. Sie haben es verdient, Ihre Träume ausleben zu dürfen und ich freue mich, dass Sie sich zu diesem Schritt entschließen. Wenn Sie jetzt gerade oder an einem anderen Zeitpunkt Ihrer Reise dennoch ein paar stützende, ermunternde Worte brauchen, können Sie die folgenden verinnerlichen, beziehungsweise auch als eine kleine Traumreise nutzen.

Atmen Sie ein paar Mal tief aus und ein und spüren Sie, wie die Ruhe mit jedem Atemzug in Sie hineinfließt und die negativen Gefühle mit jedem Ausatmen entweichen können. Sie sehen einen noch unbekannten Weg vor Ihrem inneren Auge, mit dem Ziel, was Sie sich sehnlichst und von Herzen wünschen. Aber der Weg beginnt mit einem großen Tor, vor dem Sie aktuell stehen. Vor diesem Tor stehen viele Menschen, die unsicher oder negativ gestimmt zu sein scheinen, was Sie eventuell ein wenig ansteckt. Auch Sie sind vielleicht unsicher, ob Sie diesen Weg wirklich meistern können, wenn doch das Tor am Anfang schon so groß und einschüchternd erscheint. Aber was ist, wenn ich Ihnen sage, dass nach dem Tor ein strahlender Weg mit einem umso schöneren Ziel auf Sie wartet, den es sich zu 100 % zu gehen lohnt?

Natürlich gibt es auch auf diesem Weg ab und an ein paar Steine und vielleicht hin und wieder einen quer liegenden Stamm, der überwunden werden muss. Aber das verleiht dem Weg letztendlich nur mehr Abenteuer-Feeling und ist auf jeden Fall zu schaffen. Sie werden so viel Großartiges zu entdecken haben und so viel über sich selbst und andere Dinge lernen, Sie werden mit jedem Schritt glücklicher und individueller. Und wie glücklich

Sie erst sein werden, wenn Sie plötzlich am Ziel angelangt sind, muss ich Ihnen wahrscheinlich gar nicht erklären, es lässt sich auch schwer in Worte fassen. Vielleicht fragen Sie sich nun, warum denn so viele Andere dann nicht durch dieses Tor gehen, das muss irgendeinen berechtigten Grund haben, oder?

Nun, diese Menschen nehmen sich einfach nicht den Mut, diesen einen Schritt durch das Tor zu wagen, weil Sie nicht wissen, wie der Weg danach aussieht. Dass sie dadurch lieber auf dem langweiligen Platz vor dem Tor bleiben und den prachtvollen Weg hinter dem Tor verpassen, wollen Sie gar nicht wahrhaben, weil sie nicht diese Sicherheit des ihnen bereits bekannten Platzes verlassen wollen. Das ist der einzige Grund. Aber wenn Sie nun ganz tief in sich hineinhorchen, wissen Sie, dass Sie anders sind. Dass in Ihnen der Schlüssel zum Tor in Form des Mutes aus dem Herzen liegt und dass dieser auch da ist, wenn Sie vielleicht kurzzeitig zweifeln.

Aber Sie wissen, dass es sich lohnt. Dass Sie nur durch dieses Tor gehen müssen, um im Leben reich belohnt zu werden. Sie können es und Sie spüren, wie langsam diese Gewissheit wieder jede einzelne Ihrer Zellen durchdringt. Sie sind dafür bestimmt, diesen Weg zu gehen und Sie werden Ihre Ziele erreichen. Nun nehmen Sie Ihren aus Mut geformten Schlüssel, schließen Sie das Tor auf und machen Sie sich auf den Weg, er wartet auf Sie mit all seinen Wundern.

Dem Mut wohnt immer die Motivation inne, etwas umsetzen zu wollen. Doch auch die sogenannte Volition spielt eine sehr große Rolle, sie lässt sich mit dem Wort Willenskraft übersetzen. Was ist nun der Unterschied von Motivation zu Volition?

Motivation ist der erste Schritt in der Zielverwirklichung, denn dort sammeln sich Wünsche, Ideen, Ziele und die Euphorie, diese umsetzen zu wollen. Außerdem gehen Sie in dieser Phase Ihren ersten Schritt, den Schritt, mutig zu beginnen, also das was am Anfang dieses Kapitels stand.

Volition beschreibt dann das, was nach der Motivation kommt, also den Prozess, in dem man auf sein Ziel hinarbeitet und bei dem Durchsetzungsvermögen, Geduld und Willen entscheidend sind.

Beide Phasen sind also essenziell für Ihren Erfolg. Es gibt allerdings auch einen kleinen Feind dieser beiden, der sich mit Fachbegriff Prokrastination nennt. Vermutlich kennt jede*r diese Momente, in denen eigentlich etwas erledigt werden müsste, aber dann stattdessen nach einer Ausrede gesucht wird, um es auf morgen zu verschieben. Je öfter das geschieht, desto schneller wird es zu einer Angewohnheit, die vielleicht auf den ersten Blick nicht so schlimm erscheint, aber für einen erfolgreichen Lebensweg kontraproduktiv ist. Wie im Laufe des Ratgebers noch öfter ersichtlich werden wird, ist Aktivität und Produktivität wichtig. Wenn Sie in anderen Angelegenheiten dazu neigen, diese aufzuschieben, kann die Angewohnheit auch schnell auf das Visualisieren und alles, was damit zusammenhängt, übertragen werden.

Wenn Sie also das nächste Mal etwas verschieben wollen, haben Sie folgenden, gedanklichen Auftrag: Denken Sie daran, wie schön das Gefühl ist, wenn man eine Aufgabe erledigt hat und wie stolz Sie dann auf sich sein können. Außerdem wissen Sie – wenn Sie einmal begonnen haben, ist die Aufgabe gar nicht mehr so schlimm und meistens schnell erledigt. Das ist um einiges schöner, als am nächsten Tag aufzuwachen und direkt daran zu denken, dass man ja noch diese Aufgabe von gestern machen muss, die man blöderweise vor sich hergeschoben hat.

4.4 SCHRITT 4: AFFIRMATIONEN

Zu Beginn dieses Kapitels möchte ich Ihnen einen Ausschnitt aus einem Lied vorstellen, das ich vor einigen Jahren gehört habe und welches mir im Gedächtnis geblieben ist, weil ich den Inhalt so motivierend fand. Der Song „I can“ des Künstlers Nas beginnt nämlich mit folgenden Zeilen:

I know I can

Be what I wanna be

If I work hard at it

I'll be where I wanna be

Das, was hier benutzt wird, ist eine Art der Affirmation. Auch wenn Ihnen dieser Begriff vielleicht zunächst nichts sagt, wird das Konzept Ihnen vermutlich trotzdem bekannt vorkommen. Affirmation bedeutet so viel wie Bejahung oder positive Bewertung in Bezug auf Gedanken und Situationen. Letztendlich geht es also um Sätze, die man sich selbst sagt und immer wieder bejaht, um eine grundlegende Umstrukturierung der Gedanken zu bewirken.

Man könnte also von einer Art ‚self-fulfilling prophecy' reden, also dass sich Sachen dadurch erfüllen, dass man sich diese zugesteht und davon überzeugt ist, dass sie geschehen werden. Für mich sind Affirmationen so etwas wie die mentale Vorarbeit der Visualisierung, weil hier ein ganz wichtiger Schritt geleistet wird: Es wird erlernt, mit voller Überzeugung an sich selbst zu glauben und vor allem die Gedanken bewusst mit Gefühlen zu verknüpfen. Gefühle sind das A und O, worauf ich im entsprechenden Kapitel der Emotionen genauer eingehen werde.

Anfangs mag es ein sehr befremdliches Gefühl sein, voller Inbrunst etwas über sich zu behaupten, was noch nicht eingetroffen ist. Nehmen wir als Beispiel eine berufliche Stelle, die Sie unbedingt bekommen wollen. Natürlich ist es seltsam etwas zu sagen wie: „Ich habe den Job bekommen, ich bin angestellt." und mit Sicherheit werden Sie sich auch davon nicht so wirklich überzeugen können. Aber was stattdessen hilfreich sein kann, ist zu sagen: „Ich bin qualifiziert, ich kann das und ich schaffe es, den Job zu bekommen." Man formt die Sätze also so um, dass sie immer noch die positive Power und Bejahung enthalten, aber leichter für den Kopf beziehungsweise den Verstand anzunehmen, also einfach glaubwürdiger sind. Der Verstand ist nämlich anfangs oft eine kleine oder sogar große Hürde, denn er ist sehr kritisch eingestellt und muss mit viel Geduld und Übung von den neuen Glaubenssätzen überzeugt werden. Er hat nicht ohne Grund eine bestimmte Haltung, sondern weil er diese durch Erfahrungen, die Sie in Ihrem Leben gemacht haben, entwickelt hat.

Dass aber in Zukunft auch ganz andere Erfahrungen möglich sind, muss er erst erlernen. Wahrscheinlich werden Sie Ihre Affirmation viele Male wiederholen und dabei aktiv Freude hervorrufen müssen, bevor Sie ein richtiges Überzeugungsgefühl bekommen, das ist aber nicht schlimm. Früher oder später tritt der Punkt ein, an dem Ihr Verstand nicht mehr so ablehnend gegenüber diesem Gedanken ist und Sie ihn als immer vertrauter wahrnehmen, bis er schließlich auch ins Unterbewusstsein gelangt und vollkommen als Einstellung übernommen und gespeichert wird. Diese Akzeptanz und das gute Gefühl, was durch die Affirmation hervorgerufen wird, sind dabei enorm wichtig, denn sie sind ein Indikator dafür, dass Ihr Weg, erfolgreich zu werden, in die richtige Richtung geht.

Aufgabe
Sie haben nun bereits Ihr Ziel oder Ihren Bereich, der sich verändern soll, im zweiten Schritt ausgewählt. Nun sollen Sie eine für Ihre Situation passende Affirmation entwickeln, die Sie jeden Tag nutzen können. Ich stelle Ihnen nun ein paar Grundformulierungen zur Auswahl, damit Sie eine Hilfestellung haben und verstehen, wie die Affirmation ungefähr aussehen soll. Natürlich dürfen Sie auch gern eigene Formulierungen nutzen! Die Hauptsache ist, dass es sich beim Denken grundsätzlich schon einmal gut anfühlt und Sie es mit etwas Übung schaffen können, komplett von diesem Satz überzeugt zu sein. Es wird schließlich ein

(Glaubens-)Satz werden, der von nun an möglichst jeden Tag Ihres Lebens begleitet und er soll die Euphorie wecken, die Sie immer weiter bestärkt und näher an das Ziel trägt.

Beispiele für gute Affirmationen
Ich bin ...
Ich darf ...
Ich bin bereit ...
Ich bin auf dem besten Weg, um ...
Ich glaube an mich und daran, dass ...
Ich komme jeden Tag meinem Ziel näher.
Ich werde jeden Tag besser in ...
Ich genieße es ...
Ich verdiene es ...
Ich bin voller Zuversicht ...
Ich habe ...
An jedem Tag ...

Wichtig zu beachten ist, dass es sich immer um positive Sätze handeln muss, denn es sollen rein positive Gedanken erzeugt werden. Wir brauchen keine negativ behafteten Wörter, die den Effekt schmälern, deswegen ist ein Satz wie „Ich scheitere nicht." keine besonders gelungene Affirmation, viel besser ist „Ich erreiche alles, was ich mir vornehme." Es ist ebenfalls wichtig, die Affirmation möglichst konkret zu formulieren, also nicht den Satz mit „Ich will ..." zu beginnen. Zwar drückt das den

Wunsch nach etwas aus, aber nicht den festen Glauben daran. Ein letzter Tipp ist, möglichst keine Zukunftsformulierung zu benutzen, sondern immer von der Gegenwart zu sprechen. Sagen Sie lieber „Ich bin bereit, in meinem Traumjob zu arbeiten.“, anstatt „Ich werde bald bereit sein, in meinem Traumjob zu arbeiten.“

Nun gehen wir über zur praktischen Durchführung, also Ihrer zweiten **Aufgabe** in diesem Kapitel:

Am besten sollte die Affirmation dann durchgeführt werden, wenn Sie ausreichend Ruhe und Zeit haben, also zum Beispiel morgens nach dem Aufstehen oder abends vor dem Schlafen gehen (ich führe sie beispielsweise gern durch, wenn im Bett liege, weil es dort gemütlich und ruhig ist).

Fühlen Sie sich richtig in die Affirmation hinein und vermeiden Sie es, einfach nur schnell den Satz ein paar Mal aufzusagen, ohne sich dabei wirklich darauf einzulassen und zu konzentrieren. Sie haben sich nicht ohne Grund eine Affirmation herausgesucht, die zu der eigenen Situation passt und hinter der Sie mit Überzeugung stehen (wollen).

Deswegen ist es auch wichtig, einen Bereich aus Ihrer Liste oder Mindmap zu nehmen, der einen Bezug zu Ihrem Leben hat und zu dem Sie ein authentisches Gefühl aufbauen können. Um kurz zu erläutern, was ich damit meine: Sie sollten sich nicht als Ziel setzen, Arzt zu werden, nur weil dieser Beruf viel Geld bringt, obwohl Sie gar kein richtiges Interesse an der Arbeit mit kranken Menschen haben und auch Blut nicht sehen können. Hier fehlt der Bezug zu Ihrer Persönlichkeit und Sie würden aus einem falschen Motiv heraus handeln.

Doch nun weiter zur Ausführung der Affirmation. Sie gehen nun in Ruhe in sich und sprechen langsam und deutlich Ihren gewählten Satz. Dabei ist es wichtig, sich vollkommen auf diesen zu konzentrieren und vor allem mit Ihren Gefühlen zu arbeiten. Die Affirmation soll Freude bereiten, es soll richtig Spaß machen, sich diese Worte zu sagen. Sie lassen die Überzeugung entstehen, dass es sich um die Wahrheit handelt. Je intensiver sich die Gefühle von Vorfreude, von Glück und Überzeugung spüren lassen, desto besser, denn umso leichter lässt sich der gesamte Körper davon überzeugen.

Es ist aber natürlich auch verständlich, dass das oft nicht von Anfang an perfekt funktioniert, schließlich ist es manchmal nicht leicht, sich von etwas so Positivem über die eigene Person zu überzeugen und sämtliche Zweifel auf Anhieb zu beseitigen. Nicht schlimm, denn Übung macht bekanntlich den Meister, was auch später noch bei der konkreten Visualisierung eine große Rolle spielen wird.

Es ist also wichtig, dass Sie nicht aufgeben, immer wieder Ihren Glaubenssatz zu wiederholen, und sich so stark wie möglich gefühlsmäßig hineinzusteigern. Am besten sogar mehrmals täglich, immer wieder dann, wenn gerade ein ruhiger Moment herrscht, der dafür genutzt werden kann. Denn je öfter man sich mit diesen Wörtern und der Einstellung dahinter vertraut macht, desto leichter wird es, sie auch wirklich anzunehmen, den Glauben zu festigen und somit die Denkstruktur zum Positiven zu verändern.

Eine gute Hilfe ist auch, das Ganze während des Denkens laut auszusprechen, so kann zusätzlich noch ein akustischer Aspekt hinzukommen, der zu der Verinnerlichung beiträgt. Vor allem, wenn Sie in Ihre Stimme die Motivation und Euphorie legen, die Sie innerlich verspüren oder zumindest verspüren möchten, hilft das ebenfalls ungemein. Gern können Sie sich auch vor einen Spiegel stellen und sich dabei zusehen, wie Ihr Lächeln und Ihr Optimismus Ihr ganzes Erscheinungsbild erstrahlen lässt, was gleichzeitig einen positiven Einfluss auf Ihr Selbstwertgefühl hat. Sie dürfen sich selbst vertrauen und glauben!

4.5 SCHRITT 5: EMOTIONEN

Sie haben nun bereits einen Einblick dahingehend erhalten, dass Gefühle bei der Affirmation eine zentrale Rolle einnehmen. Generell gilt natürlich: Emotionen sind überall im Leben wichtig und hilfreich, ohne sie wäre das Leben viel schwieriger zu meistern. Sie helfen uns, mit anderen zu kommunizieren, sie machen das Leben lebendig und aufregend, sie helfen dem Körper, situationsbedingt zu entscheiden und zu handeln. Auch beim Visualisieren sind die Emotionen ein zentraler Aspekt in der erfolgreichen Umsetzung. Ohne sie sind unsere Affirmationen und Visualisierungen wenig erfolgreich, denn der Körper braucht ein bestimmtes Gefühl bei Gedanken, um sie einordnen, bewerten und auf Dauer ins Unterbewusstsein übernehmen zu können. Er braucht die Sicherheit in diesem Vorgang, die nur durch Gefühle wirklich entstehen kann.

Wenn also unser Ziel damit verbunden ist, dass wir eigentlich Angst vor etwas haben und daraus entkommen wollen, konzentrieren wir uns auf die falschen Gefühle und leiten dem Körper quasi eine falsche Verknüpfung weiter.

Nehmen wir das Beispiel, dass Sie beruflich sehr erfolgreich werden wollen. Wenn Sie das verbunden mit der Angst tun, sonst zu wenig Geld zu verdienen und dadurch im Leben Probleme zu haben, konzentrieren Sie sich zu sehr auf die negativen Gefühle, auf die Angst was passiert, wenn es nicht funktioniert. Es ist dann wie eine negative Visualisierung und das wollen wir auf keinen Fall, da das die entgegengesetzte Richtung von der ist, die wir eigentlich gehen wollen. Menschen sind fühlende Wesen und auch, wenn wir die Fähigkeit haben, rational denken zu können, so wird es doch immer so bleiben, dass man mit Gefühlen die tiefsten Veränderungen schafft.

Diese Tatsache wurde in der Geschichte der Menschheit schon oft genutzt, sowohl für positive als auch für negative Zwecke. Ich werden nie vergessen, wie ich zu Schulzeiten in Pädagogik gelernt habe, dass selbst schon zu Zeiten des Nationalsozialismus damit gearbeitet wurde, die Leute durch Gefühle und Empfindungen für eine Sache, die für Außenstehende völlig unverständlich erscheint, zu begeistern.

Deswegen waren auch die vielen Gruppenaktivitäten und gemeinsamen Abende ein Muss, um möglichst viele positive Erfahrungen zu sammeln, welche die Menschen an das Konzept gebunden haben. Natürlich ist das ein sehr negatives Beispiel, aber ich fand es trotzdem interessant, dass in jeder Hinsicht Gefühle so viel mehr Macht haben, als es rationale Überlegungen und Gedanken je könnten. Zum Glück geht es bei uns aber um eine wirklich positive Sache, die wir mit Hilfe unserer Emotionen erreichen wollen. Man braucht dieses Gefühl von Glück und Zufriedenheit, damit sich der Körper auf diesen Zustand einstellt und damit die Visualisierung richtig lebendig macht. Für das Gehirn besteht tatsächlich keinen Unterschied zwischen einer erfreulichen, äußerlichen Betrachtung einer Situation und einer erfreulichen Vision, die innerhalb des Kopfes stattfindet.

Positive Gefühle erzeugen eine machtvolle, gute Energie, die den ganzen Körper und Geist antreibt, auf das Ziel hinzuarbeiten. Die Stärke des empfundenen Gefühls dient auch hier wieder als eine gute Kontrolle dafür, wie sehr man sich auf seinen Wunsch einlässt. Wenn man voller Freude und Dankbarkeit ist, diese Vision seines Lebens zu haben, leben zu dürfen und das Gefühl hat, der ganze Körper saugt sich mit diesem schönen Gefühl voll, hat man schon einen guten Kontakt zu seinen Emotionen und der Beeinflussung geschaffen und zieht dementsprechend auch Sachen an, die einem weiterhin zu diesem Gefühl verhelfen, womit wir wieder beim Gesetz der Resonanz wären.

Aufgabe

An manchen Tagen oder auch generell kann es manchmal schwierig sein, die Glücksgefühle so richtig nachzuempfinden, beziehungsweise überhaupt einen Weg zu ihnen zu finden, um mit ihnen arbeiten zu können. Dabei hilft es, sich an Momente aus der Vergangenheit zu erinnern, in denen man sich sehr glücklich gefühlt hat. Versuchen Sie, sich genau in diese Situation wieder hineinzuversetzen und dann dieses Gefühl in sich aufzusaugen, quasi neu zu produzieren. Das funktioniert tatsächlich gut, denn Glücksmomente werden sehr lange im Körper konserviert und können so immer wieder abgerufen werden.

Ich weiß nicht, ob Sie den Film „Alles steht Kopf" kennen, aber es handelt sich hierbei um einen Animationsfilm, bei dem die verschiedenen Gefühle eines jungen Mädchens ein Eigenleben haben und man diese kleinen Figuren im Kopf des Mädchens begleitet. Dort wird auch ersichtlich, dass in dem Körper eine Art Kugelsystem herrscht, bei der jede Kugel mit einer bestimmten Emotion geprägt wird, die in einem Moment passiert und dann wird die gefüllte Kugel entweder ins Gedächtnis oder als sogenannte „Core-Memory" in das Unterbewusstsein geleitet, wo sie für immer aufbewahrt wird.

Diese Core-Erinnerungen können immer wieder hervorgerufen werden, indem die entsprechende Kugel eingesetzt wird, also in dem eine bestimme Situation dies auslöst. In dem Film sieht man zum Beispiel, wie ein glücklicher Kindheitsmoment des Mädchens erneut aufgerufen wird und wie das Mädchen plötzlich von schönen Glücksgefühlen durchflutet wird. Was in dem Film also auf verniedlichte Weise dargestellt ist, hat durchaus einen realen Bezug.

Wer etwas spiritueller veranlagt oder zumindest offen dafür ist, kann auch eine geführte Meditation ausprobieren, die sich speziell auf das Hervorrufen von Gefühlen bezieht. Damit ist es auch gut möglich, jede Zelle des Körpers zu aktivieren und mit diesem Gefühl zu durchströmen. Ich persönlich habe sehr gute Erfahrungen mit solchen Meditationen gemacht, ich kenne aber auch Menschen, für die das keinen großen Nutzen hat. Sie können es einfach ausprobieren, wenn Sie möchten. Eventuell kann es auch helfen, ein Stimmungstagebuch zu führen, beziehungsweise die Stimmungen immer mal wieder in Ihrem Notizbuch festzuhalten. Einerseits, um zu beobachten, wann Sie sich am Tag am besten fühlen und das für die Visualisierung nutzen, und auch generell, um festzuhalten, wie die Stimmung sich im Laufe des Prozesses entwickelt. Ich garantiere Ihnen, dass Sie mit der Zeit immer glücklicher werden, denn sein Ziel zu verfolgen und an sich selbst zu wachsen, macht einfach glücklich.

Natürlich heißt das nicht, dass Sie gar keine negativen Gefühle mehr empfinden werden und alles immer perfekt läuft, aber Sie werden eine bessere Resilienz, also die Fähigkeit, Krisen zu bewältigen, entwickeln. Durch Gefühle lernt man auch einiges über sich und wird authentischer, was im Alltag sehr hilfreich sein kann. Es ist sogar möglich, dass sich Ihre Beziehungen verbessern, weil Sie ausgeglichener und glücklicher sind und das nach außen tragen. Ein Ziel verwirklichen zu wollen und mit Euphorie daran zu gehen, wird vielleicht auch andere Menschen in Ihrem Umfeld inspirieren und viele werden Sie dafür bewundern, respektieren und im besten Fall auch unterstützen.

4.6 SCHRITT 6: GEDANKEN

In Verbindung zu Emotionen stehen meist auch die entsprechenden Gedanken, es wäre wohl eher schwierig, die beiden voneinander zu trennen. Deswegen ist es auch wichtig, die Gedanken ebenso positiv zu gestalten wie die Gefühle, sonst beeinflusst das eine das andere negativ.

Das Unterbewusstsein macht einen großen Teil unseres

Bewusstseins aus, aber es kann trotzdem gelenkt werden, die Gedanken haben einen großen Einfluss darauf. Manchen Menschen fällt es auf, manchen vielleicht nicht so, aber wir produzieren viele Gedanken an einem Tag, Forscher sprechen von circa 60.000. Ganz schön viel, oder?

Unser Gehirn ist letztendlich permanent am Arbeiten. Unsere Gedanken bewegen logischerweise auch den Körper, denn bevor wir irgendetwas tun, denken wir zuerst daran und erschaffen damit quasi die Handlungsanweisung und die direkte Zukunft. Meistens kommt es aber nur zu der Handlung, wenn wir sicher sind, dass es funktioniert. Wir würden vermutlich keine Tasse durch einen Raum tragen, wenn wir nicht das sichere Gefühl im Körper hätten, dass wir sie halten und schadenfrei transportieren können.

Diese Sicherheit ist uns oft nicht einmal bewusst, sie ist einfach tief in uns verankert und befähigt uns, verschiedene Dinge zu bewältigen. Andersherum gilt das Gleiche: Wir scheuen uns eher davor, etwas auszuführen, wenn wir keine Sicherheit darin haben und Bedenken in unserem Gehirn produziert werden. Deswegen ist es in der Visualisierung sehr wichtig, dem Körper und dem Verstand ein Sicherheitsgefühl zu vermitteln, also dass der Plan funktionieren wird und dass wir das Ziel erreichen werden. Das gilt auch für positive Gedanken an sich. Wir vermeiden normalerweise gern, was zu einem unwohlen Gefühl und negativen Gedanken führt.

Am liebsten würden wir uns dauerhaft gut fühlen, was vielen aber unmöglich erscheint. Wenn wir aber ein positives Gefühl und immer wieder bestärkende, motivierende Gedanken in Bezug auf unsere Zukunft haben, wird unser Körper sich gern danach ausrichten und das hat vor allem auf lange Sicht eine großartige Wirkung.

Aber auch in der Gegenwart ist es wichtig, positiv auf die Dinge, die einen umgeben, zu blicken und sich in Dankbarkeit und Freude zu üben für die Beziehungen, Gegenstände, Erfolge, etc., die man bereits hat. Es sollte also eine gute Mischung aus Gegenwart und Zukunft sein, damit Sie sich nicht zu sehr auf eine der beiden Seiten fokussieren und die andere dadurch vernachlässigen. Ein Beispiel zur Verdeutlichung wäre das Essen, welches wir jeden Tag zu uns nehmen.

Wir müssen es alle tun, weil wir ohne nicht lebensfähig wären. Aber was wir essen, bleibt jedem individuell überlassen. Wenn wir immer nur „schlechtes" Essen in uns hineinstopfen, also Essen, das nicht gesund, sehr fett und zuckerhaltig ist, wird uns das auf Dauer schaden.

Es mag uns in dem Moment vielleicht nicht so auffallen, dennoch sind wir schon direkt danach viel weniger leistungsfähig und fit und wir bekommen mit der Zeit Mangelerscheinungen oder diverse Krankheiten, die unser Leben dauerhaft einschränken. Ernähren wir uns gesund, achten darauf, was wir unserem Körper zuführen und greifen auf gute Lebensmittel wie Obst und Gemüse zurück, (auch wenn es vielleicht manchmal einfacher wäre, sich schnell einen Burger zu schnappen,) bleiben wir sowohl in der Gegenwart als auch in der Zukunft fit und haben immer wieder neue Energie, um Dinge in unserem Leben anzupacken und zu erleben.

Ähnlich ist das mit den Gedanken. Wenn wir andauernd nur an negative Dinge denken und uns jeden Tag aufs Neue mit schlechten Gedanken und Verhaltensmustern füttern, schadet das unserer mentalen Gesundheit enorm. Uns verlässt die Energie, uns für unsere Ziele einzusetzen, weil alles so düster erscheint.

Wir verlieren die Motivation und Hoffnung. Aber wenn wir uns möglichst jeden Tag mit schönen Dingen beschäftigen, unseren Kopf mit positiven Ansichten füttern, uns auf unsere Ziele freuen und positive Gefühle wie Euphorie und Dankbarkeit zu einem festen Bestandteil unseres Lebens machen, bekommen wir auch die nötige Energie, an unserem

Weg zu arbeiten und unsere Träume zu verwirklichen. Je öfter man das übt, desto leichter wird es einem fallen, vor allem, weil nach circa 28 bis 90 Tagen (das kommt sehr auf die Person und ihren Hintergrund an) das Unterbewusstsein diese Lebenseinstellung übernimmt und zu einer Wahrheit für das eigene Befinden macht. Das heißt, wenn man es schafft, ein paar Wochen am Stück regelmäßig das positive Mindset zu trainieren, verankert sich dieses so tief, dass es einem viel leichter fällt, es alltäglich anzuwenden. Dadurch wird das Leben mit allen dazugehörigen Entscheidungen automatisch positiv beeinflusst, da das Herz diese innerlichen Wahrheiten in verschiedenen Situationen an das Gehirn in Form eines Impulses weiterleitet, welches dann auf Basis dieser Information Handlungsanweisungen an den Körper herausgeben kann.

Da die Basis positiv ist, sind dementsprechend auch die Handlungen positiv ausgerichtet, was einen wiederum zu weiteren positiven Erfahrungen führt. Außerdem hilft das mentale Training sehr gut dabei, die dafür zuständigen Hirnareale zu vergrößern, bis irgendwann kaum noch Platz für die negativen Zellen und Impulse ist. Ich stelle mir gern bildlich vor, wie kleine glückliche Zellen immer mehr Platz in meinem Kopf einnehmen, das Innere meines Kopfes immer weiter verschönern und Glück versprühen. Ich finde es einfach großartig, dass sich unser Gehirn so verändern lässt und wir nicht dazu verdammt sind, die ganzen negativen Erfahrungen und Verbindungen für immer mit uns herumtragen zu müssen.

Doch was, wenn der negative Bereich des Gehirns bereits relativ gut ausgebildet ist und man so viele Zweifel gegenüber sich selbst hegt, dass einem dieses Kapitel besonders schwerfällt? Wie soll die Visualisierung sich verwirklichen, wenn wir zwar für die Zeit der Visualisierung daran glauben, aber den Rest des Tages mit Zweifeln verbringen und so viel mehr Energie in die negativen Gedanken stecken?

Zweifel sind eine Meinung von uns selbst und von anderen über uns, sie hängen mit unserem meist über langen Zeitraum hinweg aufgebauten Gedankenkonstrukt zusammen, das oft schon seit der Kindheit in eine bestimmte Richtung ausgebaut wurde. Dieses Gedankenkonstrukt ist stark und beständig, schließlich praktizieren wir es jahrelang so gut wie jeden Tag und verinnerlichen es so immer wieder aufs Neue. Nicht umsonst geht es zum Beispiel auch in vielen Therapien um die Geschehnisse von früher, die uns bis in unser heutiges Verhalten prägen. Natürlich ist es bei manchen Leuten ausgeprägter und bei manchen weniger ausgeprägt, aber ich behaupte mal, dass es nur sehr wenige Menschen gibt, die vollkommen zufrieden mit sich sind. Wenn wir denken, dass wir etwas nicht schaffen, geben wir uns erst gar nicht die Mühe, es wirklich zu versuchen. So bedingt es sich fast von selbst, dass, wenn wir negativ denken, wir auch im Leben nach negativen Ereignissen suchen, die dieses Denken rechtfertigen und uns in unserer Haltung bestätigen.

Diese Einstellungen und Gedanken strahlen wir automatisch auch nach außen aus, wenn auch oft unbewusst und selbst dann, wenn wir denken, wir könnten das gut verstecken. Die Schwingungen anderer Menschen reagieren auf diese ausgesandten Schwingungen, wodurch auch wieder eher Menschen mit ähnlich negativen Schwingungen reagieren und in unsere Nähe gezogen werden. Dass das nicht unbedingt zu einer Besserung verhilft, scheint logisch. Wir müssen also an uns arbeiten und untersuchen, was genau da Negatives innerlich bei uns los ist. Es scheint meistens um Einiges einfacher zu sein, sich selbst zu kritisieren und schlecht von sich zu denken, als sich zu loben und selbstbewusst zu fühlen.

Sogar, wenn andere Personen etwas an uns loben oder ein Kompliment aussprechen, degradieren wir dies oft und versuchen der anderen Person deutlich zu machen, dass wir gar nicht so großartig sind, wie sie denkt. Wir verurteilen uns oft innerlich scharf, sogar für Fehler, die wir bei anderen Personen überhaupt nicht schlimm finden würden. Das ist ein großes Problem, denn wir stehen uns dadurch, dass wir unser größter Kritiker sind, einfach selbst im Weg. Es wäre doch schön und viel angenehmer, wenn wir uns selbst auch so schnell vergeben könnten und so sorgsam wären, wie wir das bei anderen Menschen sind. Wie kann man also mit der inneren Kritik umgehen und lernen, sich selbst besser zu behandeln?

Aufgabe

Ein erster Ansatz ist, die Zweifel kritisch zu hinterfragen: Wie komme ich auf diese Gedanken und woran zweifle ich am meisten? Sie müssen an die Wurzel des Zweifels gelangen, um diese auszureißen.

Wenn Sie die Zweifel nämlich nur immer wieder mal verdrängen, ist das, als würden Sie das Unkraut zwar abschneiden, aber durch die immer noch verankerte Wurzel sprießt es ganz schnell wieder. Sie wollen es aber richtig beseitigen, damit Sie sich nicht andauernd damit herumplagen müssen, denn das kann sehr zermürbend sein und wird mit jedem Mal anstrengender.

Auf das Verdrängen übersetzt heißt das, dass Sie zwar für einen Moment (zum Beispiel bei der Visualisierung) den Zweifel etwas zur Seite schieben können, aber je krampfhafter und öfter Sie das versuchen, desto schwieriger wird es. Vor allem werden Sie sich auch mit jedem Mal schlechter fühlen, weil Sie doch wieder daran denken und es nicht verhindern können, obwohl Sie es nicht wollen. Deswegen ist das Auseinandersetzen damit enorm wichtig. Hilfreich ist auch hier wieder, Ihre Zweifel zu notieren. Wenn Sie sich etwas Zeit nehmen, werden Sie darauf kommen, von wem, wo und wann die Samen des Zweifels gesät wurden. Nun überlegen Sie möglichst nüchtern, ob die Zweifel wirklich gerechtfertigt sind (Spoiler: Sind sie meistens nicht).

Oft scheint es nämlich so, als hätten wir in unserem Kopf einen Richter sitzen, der all unsere Handlungen beurteilt. Wie ein sehr strenger, persönlicher Kritiker, dem wir nicht so recht entkommen können. Er verlangt von uns oft Perfektion, bemängelt vieles und ist nie so recht zufrieden, weil wir noch besser hätten sein können. Es ist schwierig, den eigenen Kritiker zur Ruhe zu bringen, weil er in uns wohnt, aber es ist wichtig, denn wenn wir uns immer nur schlecht machen, können wir im Leben viel weniger erreichen, als wenn wir gut zu uns selbst sind. Überlegen Sie also, ob Sie die Zweifel nicht in etwas Positives umwandeln können. Zu jeder negativen Seite gibt es schließlich ein Gegenstück und ich bin mir sicher, dass Sie mindestens einen Teil dieser Seite auch innehaben.

Ich verdeutliche dies wieder an einem **Beispiel**: Sie haben den großen Zweifel an sich, dass Sie nicht selbstbewusst genug sind, um wirklich erfolgreich zu sein. Nun schreiben Sie diesen Zweifel auf und auch das Gegenstück dazu, also einmal „Ich bin nicht selbstbewusst und kann deswegen nicht erfolgreich sein." und einmal „Ich bin selbstbewusst und kann deswegen erfolgreich sein." Streichen Sie nun den ersten Satz durch und lesen Sie den zweiten noch einmal durch. Selbst, wenn Sie nicht direkt daran glauben, ist das in diesem Moment nicht schlimm. Sie haben nämlich als ersten Schritt schon einmal den negativen Satz wortwörtlich ausgestrichen.

Nun können Sie mit dem positiven Satz arbeiten. Zum Beispiel können Sie darunterschreiben, dass Sie auf dem Weg sind, selbstbewusst zu werden und Sie sowohl das als auch den Erfolg erreichen werden. Vermutlich erkennen Sie es schon – es ist wieder eine Art Affirmation, also ein Glaubenssatz, den Sie verinnerlichen sollen. Es ist nämlich nicht so, dass Sie nicht selbstbewusst sind. Es ist nur so, dass Sie NOCH nicht so selbstbewusst sind, wie Sie das gern sein wollen. Aber das Selbstbewusstsein schlummert in Ihnen und will ausgebaut werden, Sie müssen sich nur aktiv damit beschäftigen. Mit dieser Erkenntnis können Sie wunderbar arbeiten und auch, wenn sich immer wieder solche Zweifel aufdrängen sollten, schreiben Sie diese nieder und streichen Sie diese durch. Sie können auch gern wieder akustisch vorgehen!

Sagen Sie sich deutlich und laut „Stopp! Das ist nicht mein wirkliches Ich, sondern nur der kleine Kritiker in meinem Kopf, der eine subjektive Wahrnehmung hat.“, oder „Das ist nicht meine Eigenschaft, sondern ein Zweifel, den mir eine andere Person eingeredet hat. Ich weiß, dass ich gut so bin, wie ich bin, und mich und mein Leben immer nur noch weiter optimiere, zu einer noch besseren Version von mir selbst werde!“ Das ist auch eine gute Möglichkeit, um mit sich selbst weiter in Kommunikation zu treten, wovor Sie sich nicht scheuen sollten. Verinnerlicht sind die Zweifel sowieso, aber wenn sie laut ausgesprochen werden und ganz offen behandelt werden, entsteht oftmals die Chance, sie aus dem Weg zu räumen.

Wir tauschen uns jeden Tag über alles Mögliche mit anderen Leuten aus, aber ist es genauso wichtig, dass wir mit uns selbst über bestimmte Dinge reden und so auch Zeit zur Reflexion haben. Sie werden schnell ein viel besseres Gefühl für sich bekommen, Gedankenvorgänge und Zweifel besser analysieren können und so auch besser an diesen Aspekten arbeiten, um von der Veränderung zu profitieren und sich möglichst von diesen negativen Strukturen zu lösen.

Vor allem aber nehmen wir den Zweifeln auf diese Weise die Macht, die sie über uns haben, wenn wir uns vor Ihnen fürchten. Sobald wir sie nicht mehr als Bedrohung wahrnehmen, sondern sie zunächst möglichst neutral akzeptieren und dann an ihnen arbeiten, sind sie gar nicht mehr so schrecklich, wie gedacht. Dass Sie mehr mit sich selbst kommunizieren sollen, heißt aber nicht, dass es nicht auch sehr hilfreich sein kann, sich mit einer Person, der Sie vertrauen, darüber auszutauschen und so positiven Input zu erhalten.

Dieser positive Input, sei es durch eigene Gedanken oder auch durch die Hilfe von anderen, ist extrem hilfreich auf Ihrem Weg, denn es ist bewiesen, dass Menschen bessere Leistungen erbringen und viel mehr erreichen, wenn sie Lob und andere positive Gefühle erfahren, als durch Kritik oder Strafe. Und das gilt eben nicht nur für den Fall wie andere uns behandeln, sondern auch, wie wir persönlich mit uns umgehen.

Wir müssen akzeptieren und verstehen, dass wir nicht perfekt sind und diesen Zustand auch nicht erreichen können, aber dass, wenn wir unser Bestes geben, es ausreichen wird. Sie würden nicht diesen Ratgeber über Visualisierung lesen, wenn Sie nicht das Bestreben hätten, Ihr Leben bestmöglich zu führen und positive Veränderungen und Erfolge zu erzielen. Und außerdem – wie langweilig wäre das Leben, wenn schon alles perfekt wäre und wir alles ausgezeichnet beherrschen würden? Es gäbe überhaupt kein Ziel, dass wir visualisieren könnten und wir würden gar nicht diese Vorfreude spüren, die unbezahlbar ist oder das Glücksgefühl, wenn wir merken, wie großartig wir uns weiterentwickeln. Deswegen können wir sogar dankbar dafür sein, dass wir so viel lernen dürfen und die Chance haben, uns zu entwickeln.

Zweite Aufgabe

Es ist wieder Zeit, das Ganze ein wenig praktisch mit einem Auftrag für Sie zu vertiefen.

Immer, wenn Sie nun feststellen, dass Sie sich wieder auf irgendeine Art schlecht gemacht haben oder zu hart zu sich waren, versuchen Sie danach das Gegenteil. Loben Sie sich selbst und vergeben Sie sich, versuchen Sie, positive Gefühle zu erzeugen. Schicken Sie jedem negativen Gedanken einen positiven hinterher und verhindern Sie so, dass sich Ihr Gehirn zu sehr auf negative Sachen fokussiert. Hilfreich kann auch sein, bestimmte Wörter aus dem Wortschatz streichen, die schnelle Zweifel aufkommen lassen, zum Beispiel „vielleicht", „irgendwann", „unsicher". Seien Sie nett zu sich! Ich wette, Sie sind gern lieb zu anderen Menschen und wollen diese unterstützen, also versuchen Sie, diesen lobenswerten Charakterzug auch bei sich anzuwenden.

Ich habe nun noch ein Denkbeispiel für Sie: Überlegen Sie zunächst kurz, was Ihre Lieblingspflanze ist. Nun denken Sie daran, dass Sie gedanklich diese Lieblingspflanze, die als Metapher für Ihr Traumziel steht, pflanzen wollen. Ihr Kopf ist der Boden, der zunächst voller guter Mineralstoffe, also positiver Einstellungen, Hoffnung und Freude sein muss, damit Sie dort etwas einpflanzen können, was nicht sofort im Keim von schlechten Schadstoffen erstickt wird. Die Samen, die Sie nun dafür brauchen, stehen sinnbildlich für Ihre Gedanken und Gefühle, genauso wie das Wasser, die Sonne und der Dünger.

Wenn die Samen/Gedanken von Anfang an schlecht sind, wird überhaupt kein Wachstum entstehen. Wenn die Samen gut sind, aber der Dünger nicht ausreicht oder zu wenig Wasser oder Sonne, also positive Gedanken, gegeben werden, wird die Pflanze eingehen, obwohl Sie beste Voraussetzungen hatte, zu einer wunderschönen Blume zu werden. Also übersetzt heißt das, Ihr Traum wird nicht fruchten, wenn Sie nicht darauf achten, mit welchen Gedanken Sie ihn füttern, weil die Zweifel, also das Unkraut, zu viel Platz hat, um sich breitzumachen. An dieses Beispiel können Sie immer wieder denken, dabei aktiv positive Gedanken pflanzen und gegen das Unkraut vorgehen.

Eine wichtige Übung ist auch, zu versuchen, Ihre Sorgen abzugeben. Wenn Sie sich die ganze Zeit darum sorgen, dass Ihre Pflanze kaputtgeht oder irgendetwas nicht funktioniert, können Sie sich gar nicht auf den wundervollen Vorgang des Wachsens und Gedeihens konzentrieren, den Sie eigentlich genießen sollten, weil es schön ist, ihn zu erleben.

Ich verspreche Ihnen, dass Sie Ihre Ziele erreichen werden, das einzige, was im Weg steht, sind Ihre Zweifel und Sorgen, die Sie mit Hilfe von Visualisierung und Training der Gedanken beseitigen müssen, aber das ist schaffbar. Sie müssen Ihr Vertrauen in das Leben und Ihre eigenen Kräfte aufbauen, kümmern Sie sich deswegen gut um Ihre Pflanze, genießen Sie den Prozess des Gedeihens und dann umso mehr noch die wunderschöne Blüte, die als Erfolg am Ende auf Sie wartet.

4.7 SCHRITT 7: GEZIELTES TRAINING

Nun sind wir endlich an der Stelle, bei der es konkret um die Umsetzung der Visualisierung geht, nachdem es ausführlich um die wichtige Vorbereitung und die mentalen Voraussetzungen gegangen war. Das ist der Part, der am interessantesten ist, denn hier entfalten Sie endlich Ihre Superkraft. Wir haben nun unser erstes anvisiertes Ziel, unsere Motivation, Willenskraft und Überzeugung. Wir wissen, welche Emotionen entscheidend sind und wie wir Zugang zu ihnen haben.

Für die Visualisierung ist nun wieder wichtig, dass Sie zur Ruhe kommen und möglichst Ihre Umwelt für eine Weile ausschalten, ähnlich wie bei der Affirmation. Die Visualisierung wird allerdings etwas mehr Zeit in Anspruch nehmen und ist noch etwas anspruchsvoller für das Gehirn als die Affirmation. Zunächst gebe ich Ihnen ein paar hilfreiche Tipps, um nach innen kehren und sich richtig entspannen zu können. Schöne, ruhige Musik anzumachen, hilft sehr vielen Leuten, dabei dann vielleicht eine Kerze anzünden und sich bequem hinsetzen oder -legen, je nachdem, was sich für Sie gut anfühlt. Vielleicht sind Sie auch ein großer Wasserfan und können sich besonders gut in der Badewanne entspannen. Oder Sie verbringen gern Zeit in der Natur, dann würde ich Ihnen empfehlen, sich draußen einen schönen, ruhigen Ort zu suchen.

Natürlich können Sie auch andere Mittel und Orte nutzen, um zur Ruhe zu kommen, ich lasse Ihnen da freie Wahl. Überlegen Sie einfach, wo Sie sich im normalen Alltag am besten entspannen können, dort ist meistens auch der ideale Platz für die Visualisierung. Ich persönlich mache gern eine kurze Entspannungsmeditation davor, da sie mich meistens in die perfekte Stimmung bringt und ich es sonst manchmal als etwas herausfordernd empfinde, ruhig zu werden und den Alltag für den Moment loszulassen.

Schließen Sie nun Ihre Augen und fangen Sie an, ein Bild entstehen zu lassen. Es muss anfangs noch gar nicht ausgereift sein, beim Malen oder Zeichnen fängt man auch zunächst mit einer Skizze an, um am Ende ein ausgefeiltes Kunstwerk zu erschaffen. Sie haben also eine Art große, weiße Fläche vor Ihrem inneren Auge, die Sie nun ganz nach Belieben füllen dürfen. Es ist nur wichtig, dass Sie nicht einfach an Ihr Ziel als Sache an sich denken, sondern eine lebendige Situation erschaffen. Eine Szene, die Sie erleben, nachdem sich Ihr Traum schon erfüllt hat. Damit meine ich, dass Sie zum Beispiel, wenn Ihr Ziel Reichtum ist, nicht an einen großen Haufen Geld denken sollen, sondern an eine Situation, die in Ihnen Euphorie auslöst und in der Sie selbst interagieren, nachdem Sie dieses Geld bekommen haben. Also so in etwa:

> *Sie schmeißen eine kleine Party mit Ihren engsten Freunden, mit denen Sie glücklich und lachend darauf anstoßen, dass Sie nun überhaupt keine Geldsorgen mehr haben. Sie blicken in die fröhlichen Augen Ihres Partners/Ihrer Partnerin und spüren, wie der Sekt in Ihrem Mund angenehm prickelt. Ihr ganzer Körper ist dabei von Euphorie erfüllt und Sie spüren eine tiefe Dankbarkeit, dieses Leben führen zu dürfen. Eine Freundin erzählt einen Witz und Sie lachen herzhaft. Ihre Füße stecken in den schönen Schuhen, die Sie sich gegönnt haben, die sich so wunderbar bequem anfühlen. Sie riechen das leckere Essen, was in der Küche fertigkocht und nehmen die kühle, edle Sektflasche in die Hand, um Ihren Liebsten noch etwas auszuschenken und Ihren Erfolg in vollen Zügen auszukosten.*

Es ist ganz wichtig, sich so eine Art von Situation vorzustellen, weil diese es möglich macht, ganz intensiv die positiven Gefühle zu kosten und Sie Ihr Bild viel prächtiger, kreativer und bunter ausmalen können, als wenn nur ein Berg aus Geld vor Ihrem inneren Auge erscheint. Sie wollen das Gefühl bekommen, Sie hätten Ihr Ziel schon erreicht und lebten so, als wäre Ihr Traum bereits Realität.

Es ist aber, wie gesagt, vollkommen in Ordnung, wenn Sie zunächst nur skizzieren. Sie überlegen und entwerfen also vor Ihrem inneren Auge erst einmal, wie die Szene ungefähr aussehen soll, welche Bestandteile und Menschen sie enthalten soll, um ein erstes Gefühl dafür zu bekommen. Nehmen Sie sich Zeit dafür, eine gute Grundlage, beziehungsweise Skizze ist sehr hilfreich. Im Laufe der Zeit werden Sie immer weitere Stücke des Bildes hinzumalen und sich immer tiefer und besser hineinfühlen können. Aber für einen gelungenen Prozess ist es besser, nichts zu überstürzen, sonst kann es zu Schwierigkeiten kommen, wenn Sie versuchen, die Tiefe und Realität der Visualisierung zu erreichen, die Sie am Ende brauchen. Wenn Sie also nun bei Ihrer Skizze schon ein gutes Gefühl haben, Euphorie und einen persönlichen Bezug verspüren, können Sie sich diesen Moment einprägen und dann wieder in das ‚normale' Leben zurückkehren, um später an diesem Punkt weiterzumachen.

Es ist nun wichtig, dass Sie jeden Tag daran arbeiten und immer ein Stückchen weitergehen, die positiven Gefühle immer wieder hervorrufen, möglichst noch steigern und sich fest auf die Visualisierung konzentrieren. Anfangs empfehle ich, sich immer morgens und abends einige Minuten (ca. 10 bis 20 Minuten, wenn Sie wollen natürlich auch gern länger), Zeit zu nehmen und zu visualisieren. Wenn man schon etwas Übung hat, lässt sich die Visualisierung aber auch zwischendurch im Alltag durchführen.

Je öfter Sie sich mit Ihrem Traum beschäftigen, desto besser. Er soll schließlich ein fester Bestandteil Ihres Lebens sein. Aber noch einmal, weil Sie das wirklich nicht vergessen dürfen: Bei jedem Mal spielen die dabei empfundenen, lebendigen Gefühle eine wichtige Rolle! Es soll sich anfühlen, als befänden Sie sich wirklich in dieser Situation, damit Ihr

Gehirn diese Szene erlebt und sie nach einer Weile ins Unterbewusstsein übernommen wird, weil sie so als natürlich und real empfunden wird.

Es ist außerdem vor allem anfangs sehr hilfreich, immer an einem bestimmten Tageszeitpunkt die Visualisierung fest einzuplanen, weil sie dann schnell zu einer Art schönem Ritual wird, was leichter einzuhalten ist. Besonders vor dem Schlafengehen funktioniert das meiner Meinung nach gut, was auch noch zusätzlich den positiven Nebeneffekt hat, dass sich das Gehirn während des Schlafens mit den zuletzt erzeugten Bildern beschäftigt und diese verarbeitet, was dabei hilft, sie noch schneller ins Unterbewusstsein einfließen zu lassen. Natürlich gibt es auch Tage, an denen es richtig schwerfallen kann, sich darauf zu konzentrieren und vor allem die Glücksgefühle und Vorfreude hervorzurufen.

Es ist trotzdem wichtig, dass Sie sich auch an solchen Tagen ein paar Minuten Zeit dafür nehmen, selbst, wenn es sich vielleicht nicht ganz so gut anfühlt wie sonst. Aber besonders dann ist es meistens besonders hilfreich und kann Ihnen auch aus dem Tief heraushelfen, weil Sie sich weg von den negativen Gefühlen auf positive Empfindungen und Bilder konzentrieren. Als sehr hilfreich empfinde ich in solchen Momenten auch eine Liste mit Dingen oder Momenten, für die ich dankbar bin. Schreiben Sie dazu verschiedene Lebensbereiche auf und notieren Sie, worüber Sie sich bei diesen freuen. Bei mir ist das zum Beispiel jeden Morgen neben meiner niedlichen Katze aufzuwachen, wunderbare Freunde zu haben, eine gemütliche Wohnung und genug Geld, um niemals Hunger leiden zu müssen.

Aber ich bin auch für meine Charakterzüge dankbar, zum Beispiel, dass ich sensibel bin, dass ich ein großes Herz für Menschen und Tiere habe und auch, dass ich jeden Tag die Möglichkeit habe, mein Leben selbstbestimmt zu leben. Dankbar für die ganzen kleinen und großen Erfolge, die ich erreicht habe und noch vor mir habe. Ich bin mittlerweile sogar auch für einige negative Erfahrungen in meinem Leben dankbar, denn Sie haben mich stärker werden lassen und ich konnte etwas dadurch lernen. Schreiben Sie also alles auf, was Ihnen zum Thema Dankbarkeit einfällt.

Wenn Sie sich an die Gefühle dieser speziellen Momente erinnern und diese damit wieder hervorrufen, können Sie positive Energie für schlechte Momente daraus ziehen. Aber auch generell ist die Liste geeignet, um regelmäßig Dankbarkeit zu praktizieren und so auch im Jetzt glücklicher zu werden. Wenn wir erst und nur zufrieden sind, wenn wir das Ziel erreichen, was wir uns vorgenommen haben, richten wir uns falsch aus und sind automatisch im Leben der Gegenwart unglücklich. Vermutlich wird uns dann auch das Ziel gar nicht so erfüllen, wie wir es erhoffen, weil wir einfach das, was wir bisher schon alles haben, gar nicht genug schätzen.

Integrieren Sie aber die Dankbarkeit fest in Ihr Leben, werden Sie eine andere Sichtweise erlernen, die Sie und Ihre Einstellung grundlegend verändert. Hier kommt auch wieder der Aspekt zum Tragen, dass wir viel leichter loslassen und vertrauen können, dass sich unser Ziel verwirklicht, wenn wir nicht so viel Angst davor haben was passiert, wenn es sich nicht verwirklichen sollte. Wenn Sie mit Ihrem jetzigen Leben aber unglücklich sind, werden Sie sehr große Angst haben, dass Sie keinen Erfolg haben werden und Sie Ihr Ziel nicht erreichen können, was es den Zweifeln viel leichter macht.

Wie Sie wissen – das, worauf Sie sich konzentrieren, bekommt Ihre Energie und bewegt sich. Viele Menschen vergessen auch gern, dass Erfolg nicht automatisch Glück oder Zufriedenstellung bedeutet, sondern dass es sehr viel mit unserer inneren Einstellung zu tun hat, ob wir wirklich erfolgreich sind. Denn wirklich erfolgreich zu sein, bedeutet nicht nur das vorgenommene Ziel äußerlich zu erreichen, sondern auch innerlich eine Entwicklung durchzumachen und mit sich selbst wieder mehr ins Reine zu kommen.

Wieder näher zu dem wahren Selbst zu finden, zu dem inneren Kind und authentisch zu leben. Nur dann kann auch der Erfolg vollkommen genossen werden und Sie werden sich wirklich erfüllt, glücklich und erfolgreich fühlen. Dafür ist es auch wichtig, wieder zu der eigenen Intuition zu finden, worauf ich anschließend noch einmal zurückkommen werde. Nun möchte ich aber erst einmal den Part der Visualisierung weiter erläutern.

Natürlich ist die Visualisierung ein noch vor Ihnen liegendes Ziel, aber trotzdem sollten Sie versuchen, dieses Ziel jetzt schon mit in Ihren Alltag zu integrieren. Klingt etwas merkwürdig, aber Sie werden schnell merken, wie hilfreich das für Sie ist. Nehmen wir diesmal das Thema Reichtum als Beispiel. Schon beim Aufstehen können Sie sich voller Freude sagen: „Mit diesem Tag bin ich meinem Reichtum ein ganzes Stück näher!“, und „Ich bin bereits reich und werde noch reicher beschenkt.“ oder wenn sich Bekannte von Ihnen über die Sorge unterhalten, nicht genug Geld in der Rente zu bekommen, sich nicht von dieser Panik anstecken zu lassen, sondern mit Freude daran zu denken, dass Ihr Vertrauen in sich selbst und Ihre Ziele Sie davor beschützen wird und Ihnen ein tolles Leben ermöglicht. Das sind nur zwei herausgegriffene Beispiele, es gibt diverse verschiedene Möglichkeiten, am Tag Ihren Traum zu integrieren. Das hat den großen Vorteil, dass Sie sowohl Ihrem Verstand als auch Ihrem Körper dabei helfen, sich noch besser an Ihr Ziel gewöhnen zu können und wie es sein wird, Ihren Erfolg zu leben.

Wenn der Verstand dann versucht, negative Argumente zu finden, können Sie sich auf das Gefühl berufen, darauf, wie gut es sich anfühlt, Ihre Visualisierung innerlich und äußerlich zu leben und dass so etwas Schönes gar nicht schlecht sein kann. Wie Sie schon wissen, sind die Emotionen letztendlich stärker als alles, was Sie rational denken. Deswegen ist es auch optimal, wenn Ihr Ziel und alles, was Sie daran erinnert, mit dem Gefühl der Freude verknüpft ist und Sie dieses den negativen Gedanken entgegensetzen können. Bei vielen Menschen gibt es leider das Problem, dass sie zwar an Ihre Träume denken, aber dabei eher wehmütig sind, weil sie das Gefühl haben, sie nicht erreichen zu können.

Aber dadurch, dass Sie die Technik des Visualisierens nutzen, brauchen Sie kein bisschen wehmütig sein, sondern können voller Euphorie Ihre Superkraft benutzen und so Ihr Ziel mit hundertprozentiger Wahrscheinlichkeit erreichen. Sie müssen sich auch keine Gedanken machen, dass es irgendwann langweilig wird, immer das gleiche Ziel zu visualisieren. Ganz im Gegenteil: Es werden weitere Aspekte hinzukommen, ganz automatisch. Ihre Traumszene wird sich um Details erweitern, die Farben und die Ausarbeitungen werden immer prächtiger und schöner.

Dadurch wird sie auch mit jedem Mal ein kleines Stückchen realer und persönlicher. Was außerdem eine sinnvolle Übung ist, wenn man schon eine sehr ausgestaltete Szene hat, ist, sich einfach einen größeren Zeitraum auszumalen. Also zum Beispiel, was vor Ihrer Szene passiert, was nach ihr passiert oder sogar wie ein ganzer Tag verläuft. Das Gehirn wird sich über die Aufgabe freuen und fleißig dabei helfen, weil schließlich dadurch positive Gefühle generiert werden können. Es ist eine Art kleiner Urlaub für jeden Tag, ohne etwas bezahlen zu müssen! Gehen Sie dabei ganz genau auf so viele Aspekte wie möglich ein, wie fühlen, riechen, schmecken, betrachten Sie die Sachen in Ihrer Umgebung?

Versuchen Sie, alle Sinne zu nutzen, um es so realitätsnah wie möglich zu gestalten. Wie fühlt sich etwas an, was Sie in Ihren Händen halten? Wie hört sich das Lachen Ihrer Freunde an? Wie riecht die Duftkerze, die Sie in Ihrem Wohnzimmer angezündet haben und wie fühlen sich die Sonnenstrahlen auf der Haut an, die durch das Fenster mit den schönen Vorhängen scheinen? Vielleicht steht auch wedelnd ein Hund vor Ihnen, dem Sie durch das weiche Fell streicheln und der Glücksgefühle in Ihnen auslöst. Was unternehmen Sie, welche Orte besuchen Sie?

Wie fühlen sich die ganzen Dinge an, die Sie an diesem Tag machen? Und, um es noch einmal deutlich zu machen: Sie dürfen sich dabei ALLES vorstellen, was Sie sich wünschen!

Es gibt keine Grenzen und Sie dürfen sich vollkommen kreativ ausleben. Es ist von nun an eine Art Hobby, das den schönen Nebeneffekt hat, Ihr Leben auf eine großartige Weise zu verändern. Sie sollen spüren, dass Sie sich in dieser Szene, in Ihrem eigenen Drehbuch zu Hause fühlen. Nutzen Sie gern auch Ihr Büchlein, um besonders schöne Momente festzuhalten oder Ihren Prozess zu dokumentieren. Das kann auch am Anfang sehr hilfreich sein, um wieder direkt einen guten Einstieg in Ihre Traumszene zu finden. Wenn Sie gern per Hand zeichnen oder malen, können Sie sich natürlich auch zusätzlich auf diese Weise künstlerisch ausdrücken. Ein weiterer Vorteil ist, dass Sie auch nichts von Ihrer Visualisierung vergessen. Normalerweise ist das Gehirn zwar sehr leistungsfähig, was das angeht, aber besonders, wenn man viel Stress im Alltag hat und den Kopf voll mit anderen Dingen, kann es schon einmal passieren, dass man etwas vergisst. Da dieses Kapitel nun sehr lang war, fasse ich für eine bessere Übersichtlichkeit im Folgenden die wichtigsten Punkte der Durchführung einer Visualisierung noch einmal zusammen.

1. Zur Ruhe kommen.

2. Augen schließen und anfangen, eine Skizze vor Ihren Augen zu entwerfen. Diese Skizze darf alle Bestandteile enthalten, die Sie sich in Ihrer zukünftigen Lebenssituation wünschen. Es soll ein Ausschnitt aus dem Leben sein, dass Sie haben, nachdem Ihr Ziel erreicht ist.

3. Nutzen Sie all Ihre Sinne, um die Szene zu fühlen und zu erkunden. Gestalten Sie die Szene so lebendig wie möglich.

4. Spüren Sie die Glücksgefühle, die Euphorie, die Dankbarkeit, dieses Leben erfahren zu dürfen. Lassen Sie diese Gefühle Ihren ganzen Körper fluten, gehen Sie darin auf.

5. Praktizieren Sie täglich 10 bis 20 Minuten mindestens, gern auch länger und mehrmals am Tag.

6. Planen Sie die Visualisierung als festen Bestandteil zu einer bestimmten Tageszeit ein, um sie zu einem Ritual werden zu lassen und sich schneller daran zu gewöhnen.

7. Setzen Sie sich keine Grenzen. Seien Sie so kreativ und bunt wie möglich, verschönern Sie jeden Tag Ihr eigenes Kunstwerk.

8. Bleiben Sie dran, auch an schlechten Tagen. Ihr Durchhaltevermögen wird sich lohnen.

9. Erweitern Sie Ihre detaillierte, wunderschöne Szene durch weitere Szenen bis hin zu einem ganzen Tag, der so verläuft, wie Sie sich dies wünschen.

10. Nutzen Sie Ihr Buch, um den Prozess festzuhalten.

11. Praktizieren Sie. Ihr Traum möchte JEDEN TAG gefühlt und gelebt werden! Und je mehr Sie üben, desto leichter und realer wird er.

Zum Schluss des Kapitels gehe ich noch, wie versprochen, auf die Intuition ein. „Hören Sie auf Ihr Bauchgefühl", hört sich zwar einfach an, aber tatsächlich ist es mittlerweile häufig so, dass die Menschen diese Fähigkeit verlernt haben. Dabei ist die Intuition so wichtig, denn man kann sich ziemlich gut auf ihre Urteilskraft verlassen. Wenn man ihr folgt, wird man mit großer Wahrscheinlichkeit die Ziele und Erfolge erlangen, die für einen richtig sind.

Dadurch, dass die Visualisierung und die Affirmation voraussetzen, mit den eigenen Gefühlen und Wünschen wieder mehr in Kontakt zu kommen, haben Sie es leichter, auch schneller wieder zu Ihrer Intuition zurückzufinden. Sie sehen also auch hier wieder, wie wichtig es ist, mit sich selbst zu kommunizieren.

Sie brauchen auch ein wenig Mut, denn Sie müssen Abstand zu dem rationalen Denken nehmen und wieder mehr auf sich selbst vertrauen. Manchmal können wir nämlich rational nicht begründen, warum wir gerade ein bestimmtes Gefühl haben, aber es leitet uns meistens richtig. Noch ein paar Tipps, um sich wieder näher an die Intuition heranzuwagen: Kommunizieren Sie mit sich selbst in Situationen, in denen Sie sich entscheiden müssen. Hören Sie nach innen und versuchen Sie, das Gefühl zu erfassen. Es ist auch gut, dies zunächst bei kleineren, nicht ganz so wichtigen Entscheidungen zu trainieren und dadurch das Vertrauen in die eigene Kraft weiter aufzubauen.

4.8 SCHRITT 8: HILFSMITTEL

In diesem vorletzten Kapitel der Schritt für Schritt Anleitung möchte ich Ihnen nun noch ein paar praktische Tipps und Hilfsmittel mit an die Hand geben, die Ihre Visualisierung unterstützen können. Es ist recht unterschiedlich, was ein Individuum als hilfreich empfindet, weil wir nun einmal alle auf unsere eigene Weise gestrickt sind.

Deswegen versuche ich, möglichst aus mehreren Bereichen etwas aufzugreifen und hoffe, dass ich Ihnen eine Inspiration geben kann. Ganz klassisch und sehr hilfreich ist in jedem Fall das sogenannte Vision-Board. In dem vorherigen Kapitel habe ich Sie dazu ermuntert, sich auch künstlerisch auf dem Papier auszutoben, was vielleicht aber eher nicht so Ihrem Interesse entspricht. Für das Vision-Board müssen Sie allerdings nicht zeichnen können und es ist trotzdem sehr kreativ und ästhetisch. Wie der Name schon verrät, handelt es sich dabei um eine Art Zukunfts-Collage, die mit lauter Bildern und motivierenden Sätzen die Vision plastisch manifestieren soll.

Man hängt das fertig gestaltete Board dann an einem Platz in der Wohnung auf, an dem Sie regelmäßig einen Blick darauf werfen können und so immer wieder die Vision direkt vor Augen haben. Sobald Sie feststellen, dass Sie sich daran gewöhnen und dem Ganzen nicht mehr so viel Aufmerksamkeit schenken, können Sie einfach einen neuen Platz in Ihrer Wohnung auswählen. Vielleicht erinnern Sie sich: Zu Schulzeiten gab es oft Leute, die diese Vorgehensweise mit ihren Lernzetteln genutzt haben – so ähnlich funktioniert die Methode auch hier. Wie lässt sich dieses Vision-Board am besten erstellen? Ich gebe Ihnen ein paar Tipps, die mir geholfen haben, aber natürlich dürfen Sie auch hier wieder eigene, kreative Ideen einbringen.

1. Besorgen Sie sich gute Materialien: Zum Beispiel eine feste Pappe oder auch eine Kork-Wand, also eine langlebige Unterlage, an der Sie die Bilder und Sprüche befestigen können. Außerdem Helfer zum Befestigen wie Kleber, Pins oder Reißzwecken.

2. Dann ansprechende Bilder des Ziels, Sprüche, Affirmationen und alles, was einen mit Freude erfüllt und motiviert, in angenehmen oder bunten Farben heraussuchen. Das Vision-Board soll schließlich etwas werden, auf das Sie gern schauen, welches Sie zum Träumen verleitet und Ihnen immer einen guten Impuls mitgibt. Gern können Sie sich auch Ihre detaillierte Traumszene aus kleinen Bestandteilen zusammenstellen.

3. Nun entscheiden Sie, in welcher Form die Bestandteile angebracht werden sollen. (Zum Beispiel in Foto-Qualität, selbst gemalt, ausgedruckt, etc.)

4. Im abschließenden Schritt erstellen und arbeiten Sie das Vision-Board aus, bis es Ihnen richtig gut gefällt und dann suchen Sie nach einem geeigneten Platz, um es aufzuhängen und zu genießen.

Falls Sie Probleme mit der ästhetischen Umsetzung haben oder eine Art Vorlage brauchen, ist das überhaupt kein Problem. Es gibt zum Beispiel auf der Plattform YouTube oder der kreativen App Pinterest einige

Anregungen und Anleitungen, die Ihnen visuell weiterhelfen können. Natürlich können Sie auch immer wieder etwas Neues hinzufügen, wenn Ihnen etwas Schönes einfällt.

Ein weiterer Tipp, der vor allem von Menschen genutzt wird, die gern und viel Zeit an ihrem Smartphone verbringen, sind entsprechende Apps. Ein Beispiel ist die App *Coach.me*, die eine tägliche motivierende Unterstützung auf Ihrem Weg hin zum Erfolg bietet. Das Wunderbare hierbei ist, dass man sich mit einer Community vernetzen kann, die sich auf einem ähnlichen Weg befindet und sich so schnell ein großes Unterstützer-Netzwerk aufbauen lässt. Bei Bedarf also nur den App-Store durchstöbern und sich einen digitalen Assistenten herunterladen. Je nach App kann es sein, dass Sie etwas bezahlen müssen, aber der Preis bleibt meistens unter 10 €. Ebenfalls digital kann ich Ihnen zwei Filme empfehlen. Natürlich haben diese keine direkte Aufgabe, die Ihnen weiterhilft, aber ich persönlich finde die Motivation und Stärkung, die diese Filme mit sich bringen, sehr hilfreich für zwischendurch. Vor allem, weil man so einen entspannten Abend mit dem Lerneffekt verbinden kann und vielleicht sogar andere Menschen an das Thema heranführen kann.

Es handelt sich einmal um den Film „*The Secret*" und um „*Peaceful Warrior*". „The Secret" ist ein etwas älterer Dokumentarfilm, der sich hauptsächlich mit dem Gesetz der Resonanz und dem Wunsch nach Erfolg beschäftigt. „Peaceful Warrior" ist hingegen ein Spielfilm, in dem ein junger, sehr sportlicher Mann einen schweren Unfall erleidet. Er muss eine neue mentale Technik und Lebensweise erlernen, um wieder auf die Beine zu kommen und trotzdem seine Ziele zu erreichen. Der Film ist besonders zu empfehlen, wenn sich gerade ein Motivationstief anbahnt und man daran erinnert werden möchte, was alles durch die Visualisierung möglich ist.

Wenn Sie hingegen eher eine persönliche Beratung, beziehungsweise Unterstützung wünschen, suchen Sie sich am besten einen Coach im realen Leben. Das kann entweder jemand sein, der sich professionell mit dem Thema auseinandergesetzt hat und Sie so durch Ihren Prozess leiten kann, oder auch einfach eine Person in Ihrem Umfeld, der Sie vertrauen und die Sie bei der Visualisierung unterstützt.

Mit dieser können Sie sich immer wieder austauschen und Sie haben verschiedene Möglichkeiten, wie zum Beispiel Ihre Visualisierung zu Papier zu bringen und die ausgewählte Person liest oder erzählt Ihnen diese mit ihrer Stimme, was ein interessanter, weiterbringender Aspekt sein kann.

4.9 AKTIV HANDELN!

Ich habe Ihnen nun sehr viel über Gedanken und innere Strukturen erzählt, die natürlich grundlegend sind, aber man darf einen sehr wichtigen Punkt nicht außer Acht lassen, der gleichzeitig den Abschluss der Anleitung darstellt. Es ist super, wenn Sie sich innerlich künstlerisch austoben, wundervolle Visualisierungen erschaffen und voller Euphorie sind – aber Sie müssen auch aktiv handeln.

Sie müssen bewusst Schritt für Schritt vorwärtsgehen, selbst, wenn es kleine Schritte sind. Das ist vollkommen in Ordnung, Sie dürfen nur nicht stehen bleiben. Gehen wir einmal davon aus, Sie wollen einen gestählten, muskulösen Traumkörper haben. Sie stellen sich das jeden Tag fleißig vor, aber gleichzeitig essen Sie nach der Visualisierung jede Menge Süßigkeiten und bewegen sich kein bisschen. Da hilft dann leider auch die tollste Visualisierung nichts (auch wenn das natürlich schön wäre). Das Beispiel ist ein wenig albern, aber ich denke es verdeutlicht ziemlich gut, warum man auch handeln muss.

Wie kann man aber aktiv handeln, wenn man vielleicht noch sehr weit von seinem Ziel entfernt scheint und keine richtige Idee hat, was genau getan werden kann? Tatsächlich hält jeder einzelne Tag in Ihrem

Leben Chancen bereit, die Sie nutzen und an denen Sie wachsen können.

Ich möchte das wieder an einem Beispiel verdeutlichen: Sie wollen einen Doktortitel erreichen, sind vielleicht aber gerade erst am Anfang des Studiums und es kommt Ihnen vor, als könnten Sie noch nichts dafür tun. Aber das ist nicht ganz richtig, denn Sie können jeden Tag einen kleinen Schritt in die Richtung gehen, zum Beispiel, wenn Sie eine interessante Fachzeitschrift am Kiosk sehen, diese kaufen und sich weiterbilden oder an Ihren Schreibfertigkeiten feilen, Listen erstellen, auf denen Sie Ideen sammeln, einfach all die kleinen Dinge, die vielleicht noch nicht konkret auf Ihre Doktorarbeit bezogen sind, aber Sie persönlich weiterbringen und später dafür sehr behilflich sein können. Vor allem werden sich immer mehr Chancen bieten, je mehr Sie sich mit der Thematik befassen. Es ist gut möglich, dass Sie ganz unverhofft die Möglichkeit bekommen, mit einem Doktor Ihres Wunschgebietes ein Gespräch führen zu können, was Ihnen dann wieder zu neuen Möglichkeiten und Sichtweisen verhilft.

Das ist ein sehr allgemein gehaltenes Beispiel, aber ich denke, es verdeutlicht ganz gut, worauf ich hinauswill. Sie müssen nur aufmerksam durch den Alltag gehen, dann werden Ihnen ganz viele verschiedene Chancen auffallen. Es gibt auch hierfür einen wunderbaren Spruch, diesmal von Jean Anouilh: „Das Leben besteht aus vielen kleinen Münzen, und wer sie aufzuheben versteht, hat ein Vermögen." Manchmal bemerkt man auch erst im Nachhinein, wie viel eine bestimmte Sache letztendlich gebracht hat und es ist deswegen gut, sich auch auf Dinge einzulassen, bei denen Sie noch kein konkretes Ziel dahinter erkennen, aber die Sie einfach persönlich weiterbringen. Versuchen Sie, möglichst offenzubleiben, Sie wissen vorher nie, auf welche Wege Sie von Ihrem Leben geführt werden.

Übrigens ist das auch wichtig, um trotz aller Zukunftswünsche im Jetzt zu leben. Wir freuen uns zwar berechtigterweise auf das Ziel, aber es ist wichtig, auch in der Gegenwart die schönen Momente zu genießen und zu schätzen. Unsere Visualisierung ist ein wichtiger Bestandteil unseres Tages, aber sie darf ihn nicht komplett einnehmen. Wir haben die Verantwortung für unser jetziges Ich und die Menschen um uns herum. Aber normalerweise leben Sie dadurch, dass Sie jeden Tag aktiv handeln, automatisch auch wieder bewusster und zielgerichteter, also hat die Visualisierung auch in diesem Fall einen positiven Einfluss auf Ihren Alltag.

Aufgabe

Achten Sie also aktiv jeden Tag auf Momente, die Sie für sich nutzen können. Schreiben Sie diese kleinen Chancen und Erfolge auf und verfolgen Sie so mit, wie Sie mit jedem Tag Ihrem Traum näherkommen. Gleichzeitig wächst Ihr Selbstbewusstsein auch immer weiter, denn es ist sehr befriedigend, jeden Tag etwas für sich zu tun. Anfangs müssen Sie vielleicht ein wenig überlegen, was für Dinge machbar sind, aber schnell werden Ihnen auch ganz spontane Möglichkeiten auffallen und durch das Gesetz der Resonanz werden auch immer mehr von ihnen angezogen. Es ist auch eine sehr gute Chance, um wieder einmal die Dankbarkeit zu üben, denn es wird Ihnen schnell auffallen, wie viele gute Sachen Ihnen widerfahren und wie viele schöne, lehrreiche Momente das Leben jeden Tag bereitstellt. Dadurch werden auch die Tage, an denen es nicht so gut läuft, was auch gelegentlich der Fall ist und leider zum Leben dazu gehört, viel leichter erträglich sein. Es kommt nämlich immer auf die Betrachtung und Gewichtung an.

Sie können sich auf die negativen Erfahrungen konzentrieren und dadurch in Ihren Handlungen gelähmt werden oder Sie konzentrieren sich auf die vielen kleinen und großen positiven Möglichkeiten und werden aktiv, wodurch Sie noch mehr Möglichkeiten geschenkt bekommen. Sie sind keine Marionette, die den Umständen des Lebens hilflos ausgeliefert ist, sondern Sie können Ihr Leben jeden Tag selbst in die Hand nehmen! Entscheiden Sie sich jeden Tag bewusst dafür und leben Sie diese Einstellung.

Dadurch entwickeln Sie auch eine besondere Individualität und Persönlichkeit und werden nicht mehr das toxische Verlangen spüren, sich mit anderen zu vergleichen, selbst, wenn diese vielleicht jetzt gerade schon mehr erreicht haben als Sie.

Sie werden so glücklich und aktiv in Ihrem eigenen Leben sein und so viele bereichernde Dinge erleben, dass gar nicht die Zeit bleibt, um neidisch auf das Leben anderer zu sein. Sie werden sich viel eher für die anderen freuen, die ähnlich zielbewusst ihr Leben in die Hand nehmen. Sie wissen schließlich genau, wie gut sich dieser Lebensstil anfühlt und dass die anderen keine Konkurrenz darstellen, weil Sie auf Ihre eigene Weise Ihre ganz persönlichen Ziele erreichen werden.

Außerdem ist es nie so, dass es nicht genug gibt oder sie Angst haben müssen, dass Ihnen Ihr Erfolg weggenommen werden kann. Das ist eine irrationale Angst, denn Sie werden das bekommen, was Sie wirklich wollen, weil es Ihnen zusteht. Sie manifestieren es schließlich durch die Visualisierung und so ist es schon ein Bestandteil Ihres Lebens, der Ihnen nicht mehr weggenommen werden kann.

Also: Leben Sie die Visualisierung innerlich und äußerlich!

5. Fehler und Niederlagen

Dieser Ratgeber dient hauptsächlich dazu, das Visualisieren zu erlernen und so erfolgreich und motiviert leben zu können. Aber dennoch müssen auch die negativen Seiten angesprochen werden, denn es wäre nicht ehrlich, wenn ich behaupten würde, sobald man visualisiert, läuft alles nur noch perfekt und Sie werden keine Niederlagen erleben.

Auch wenn Sie motiviert sind und diesen Ratgeber genauestens befolgen, was super ist, keine Frage, können Ihnen dennoch Fehler passieren oder Sie sehen sich mit Situationen konfrontiert, die sich nach Scheitern anfühlen und ziemlich deprimierend sind. Leider gibt es kein Patentrezept, um perfekt zu visualisieren und das wäre auch gar nicht gut oder besonders zielführend. Denn auch, wenn es im ersten Moment natürlich unschön und schwer zu akzeptieren ist, so bringt es doch auch Chancen mit sich, wenn es einmal nicht so läuft, wie erhofft. Ich war immer ein Mensch, der relativ ungeduldig war und ich bekam jedes Mal einen kleinen Wutanfall, wenn wieder irgendetwas nicht so funktionierte, wie ich wollte.

Oft hatte ich dann auch Gedanken wie „Was hat mein Leben gegen mich? Warum muss mir das jetzt passieren?" im Kopf. Wenn Sie ähnlich wie ich sind, werden Sie vermutlich bei Worten wie „Scheitern hat auch etwas Gutes, steck nicht den Kopf in den Sand" zunächst vielleicht ebenfalls die Augen verdrehen. Ich verstehe das vollkommen, es gehört einfach zu den Sachen, die man nicht hören möchte – und trotzdem ist es wahnsinnig wichtig, genau diese Aussage zu verstehen.

Es war mir immer ein sehr wichtiges Ziel, beruflich erfolgreich zu werden und möglichst gut zu verdienen. So fing ich vor einiger Zeit eine Ausbildung an, mit der festen Überzeugung, sie würde mich an mein Ziel bringen. Ich war überzeugt, dass ich auf genau diesem Weg an einen gut bezahlten und spannenden Job kommen würde, es musste also einfach das Richtige sein. Doch mit der Zeit merkte ich immer mehr, dass es mir gar nicht gut ging und ich mich eigentlich nicht wohl in der Ausbildung fühlte. Ich war zwar leistungstechnisch recht gut, aber die Umgebung war einfach nicht die Richtige.

Doch weil ich so überzeugt davon war, dass es das sein muss, weil ich ja diesen genauen Weg vor Augen hatte, machte ich immer weiter. Doch dann kam der Tag, an dem ich an meine Grenzen kam. Ich war psychisch völlig ausgebrannt und das machte sich auch in meinem Körper bemerkbar. Ich hatte einfach keine Kraft mehr und lag dauernd kränkelnd im Bett, wodurch ich einiges an Stoff verpasste und Zeit hatte, mich mit meinen Gefühlen auseinanderzusetzen. Schließlich gestand ich mir ein, dass es wohl wirklich nicht das Richtige für mich war und ich mir etwas anderes suchen musste, auch wenn ich dafür einige Zeit „verschwendet" hatte und vor allem generell nicht mehr so ganz jung war. Das machte mir Angst, aber ich merkte eindeutig, dass ich so nicht mehr weitermachen konnte.

Ich war enttäuscht von mir und hoffnungslos, ich wusste gar nicht, was ich nun anderes machen sollte. Ich fühlte mich so weit weg von meinem Ziel wie noch nie. Zumindest tröstete mich der Satz meiner Mutter, die sagte: „Alles, was man im Leben lernt, ist nicht umsonst." ein wenig.

Ich brach die Ausbildung also trotz meiner Ängste ab und bewarb mich bei einigen Studienplätzen, ohne so recht zu wissen, was und wo ich denn weitermachen wollte. Die Monate bis zu den Zusagen waren schwer und als ich dann die Zusagen hatte, fiel mir die Entscheidung ebenso schwer. Und obwohl ich mich eigentlich nicht danach fühlte, versuchte ich mich wieder mehr auf das Visualisieren, meine inneren Gedanken und Gefühle zu konzentrieren und daran zu arbeiten. Als schließlich der Punkt gekommen war, an dem ich mich endgültig entscheiden musste, hatte ich mir zwar Pro- und Contra-Listen erstellt, aber entschied letztendlich nur nach meinem Bauchgefühl, meiner Intuition. Nun was soll ich sagen, die Jahre danach stellten sich als die besten Jahre meines Lebens heraus und führten mich letztendlich zu meinem Ziel, wenn auch auf eine ganz andere Weise, als ich es geplant hatte. Das war eine sehr wichtige Lektion für mich, denn ich erfuhr, dass man auch trotz harter Niederlagen zu seinem Ziel gelangen kann, man darf nur nicht die Hoffnung verlieren. Ich bin aus dieser Lektion mental gewachsen und rückblickend war sie definitiv gut für mich, auch wenn ich das in dem Moment überhaupt nicht so gesehen habe.

Alles in unserem Leben lehrt uns etwas, man lernt nie umsonst. Oft zeigen uns Niederlagen auf, dass wir etwas in unserem Leben verändern müssen, um wieder auf einen besseren Weg zu kommen, auf einen Weg, der wirklich zu uns passt und uns glücklicher macht. Niederlagen sind also eine Art Weiche und bedeuten auf keinen Fall, dass das Ziel nicht mehr erreichbar ist. Es ist erreichbar – nur auf einem anderen Weg, der viel besser für uns funktioniert.

Die meisten Menschen haben gern über möglichst alles die Kontrolle und es fällt ihnen dann schwer, einfach auf das Leben zu vertrauen und zu glauben, dass sie, auch ohne zu wissen wie, an ihr Ziel kommen werden. Manchmal müssen wir etwas loslassen, um etwas Neues dazuzugewinnen. Wie schon erwähnt, wir sind lediglich Menschen und unser Leben ist ein niemals endender Lernprozess. Wir sind niemals perfekt und sollen das auch nicht sein – wir dürfen Fehler machen! Solange wir diese nutzen, um daraus zu lernen und nicht aufzugeben.

Denn oftmals gewinnen wir an Stärke und Willenskraft und entwickeln uns weiter. Auch hier gibt es wieder etwas, das man sich von Kindern abschauen kann. Kinder müssen sehr viel lernen auf ihrem Weg zum Erwachsenwerden und machen dabei unglaublich viel falsch, beziehungsweise erleben jede Menge misslungene Versuche. Sei es Laufen,

Sprechen, Lesen oder eine der anderen vielen Sachen, die man in jungen Jahren erlernt. Das Schöne ist aber, dass Kinder keineswegs verzweifeln, wenn etwas nicht funktioniert. Sie probieren es immer wieder und schämen sich auch nicht dafür, es liegt einfach in ihrer Natur, weiterzumachen, bis es endlich funktioniert. Und irgendwann funktioniert alles und dann denkt niemand mehr an die vielen Fehlversuche, die davor lagen.

Das Kind hat diesen inneren Instinkt oder Glauben, dass es das Ziel erreichen wird und es wäre großartig, wenn wir als Erwachsene diesen Zustand wiederfinden und nutzen. Denn wie bei der Kreativität gilt – wir haben diese Fähigkeit in uns und können sie wieder an die Oberfläche holen, wenn wir daran arbeiten und es zulassen.

Deswegen nun Ihre Aufgabe:

Wenn Sie an etwas scheitern oder einen Fehler machen: Verzweifeln Sie nicht und machen Sie sich keine Vorwürfe, sondern sehen Sie es als eine Chance, einen besseren Weg einzuschlagen. Auch, wenn das in dem Moment schwer ist, wenn Sie weiterhin an Ihr Ziel glauben und nicht aufgeben, wird Ihr Lebensweg Sie dorthin führen, das kann ich versprechen. Das Leben wird niemals nach Ihrem perfekt ausgearbeiteten Plan laufen, aber das Ziel werden Sie trotzdem erreichen.

Was noch schwerer ist, aber ein optimales Vorgehen wäre, ist, zu versuchen in diesen Momenten trotzdem dankbar zu sein. Dankbar für alles, was Sie bereits im Leben haben und was zum Beispiel auch an diesem Tag oder in dieser Woche Schönes passiert ist. Wenn Sie das schaffen, wird es Ihnen viel leichter fallen, mit Rückschlägen umzugehen und Sie werden auch ein wenig die Angst davor verlieren, wodurch Sie noch aktiver werden. Außerdem erlernen Sie dadurch eine gesunde Bescheidenheit, was den Erfolg noch um einiges schöner macht.

Gerade in der heutigen Zeit bekommt man schnell den Eindruck, man müsse perfekt sein und Niederlagen zeigten eine Schwäche, die man nicht besitzen darf. Aber besonders im Umgang mit den schweren Momenten zeigt sich die wahre Stärke! Und es ist doch ein großartiges Statement, schwache Momente zugeben zu können und dass man eben nicht perfekt ist, aber trotzdem seine Ziele erreicht. Das kann auch für Menschen im Umfeld eine große Inspiration sein, auf die ich im nächsten Kapitel zu sprechen komme.

6. Der Einfluss der Umwelt

Bisher ging es fast immer nur darum, was sie selbst tun können. Doch auch andere Menschen haben meistens einen sehr großen Einfluss auf uns, da wir sozial ausgerichtet sind und uns dementsprechend immer wieder in Interaktion mit Anderen begeben. Unser ganzes Gesellschaftssystem beruht darauf, dass es verschiedene Anerkennungsgrade gibt und wir bewerten, einordnen und uns anpassen.

Manchmal hat das sogar einen größeren Einfluss, als man glaubt, deswegen ist es wichtig, auch das Thema Umfeld anzusprechen. Natürlich gibt es auch hier wieder positive und negative Seiten, aber ich würde behaupten, dass man leider schneller mit Kritik und Zweifel in Kontakt kommt als mit grenzenlosem Support. Besonders, wenn Sie große Ziele verfolgen und sehr motiviert und fokussiert darauf sind, etwas in Ihrem Leben zu erreichen, was vielleicht momentan noch nicht so erreichbar scheint, gibt es viele Leute, die dieses kritisieren oder schlechtreden wollen.

Es mag verschiedene Beweggründe dafür geben, sei es Neid oder die deprimierte Einstellung darüber, dass sie mit ihrem eigenen Leben unzufrieden sind und nicht sehen möchten, dass jemand anderes mehr aus seinem Leben macht und Erfüllung darin findet. Ich finde das sehr schade, weil es so viel einfacher für alle wäre, sich gegenseitig in den Träumen und auch generell zu unterstützen, anstatt zu versuchen, die anderen am Boden zu halten. Für mich war es ein schwieriger Weg, zu lernen, mich nicht von der Meinung anderer abhängig zu machen.

Wir als Menschen sind nun einmal soziale Wesen, die sich nach Akzeptanz in einer Gemeinschaft sehnen, wodurch es unangenehm ist, wenn man seinen eigenen Weg geht und sich gegen Kritiker behaupten muss. Ich glaube, dieses Kapitel war sogar für mich persönlich das

Schwerste in dem ganzen Prozess und es gibt auch heutzutage immer wieder Momente, in denen ich verunsichert bin und mich kurzzeitig beeinflussen lasse. Aber der Weiterentwicklungsprozess endet niemals und jeder darf sich auch für die Momente vergeben, in denen er/sie nicht so denkt oder handelt, wie es am besten für den persönlichen Prozess wäre.

Ich habe immer wieder in Beziehungen gesteckt, die mich charakterlich klein gehalten haben, denn jemand, der den Mut hat zu träumen und auch alles dafür zu geben, entwickelt eine Stärke, die für manche Menschen nicht akzeptierbar ist. Wenn einem eingeredet wird, dass man nichts erreichen kann, wird es natürlich auch schwer, selbst daran zu glauben. Ich denke, viele haben das schon einmal in irgendeiner Variante erlebt.

Doch wie geht man am besten damit um und erfährt trotzdem Wachstum?

Auch hier kann zunächst eine Liste helfen. Manchmal ist einem direkt klar, wer negativ auf einen einwirkt. So können diese Personen klar benannt und dementsprechend aufgeschrieben werden. Manchmal ist es aber auch so, dass es einem erst wirklich auffällt, wenn man sich genauer damit auseinandersetzt, da manche Menschen sehr subtil ihre negativen Gedanken in andere pflanzen. Das äußert sich dann in der Form, dass Sie schlecht über sich selbst denken und gar nicht bemerken, dass Sie das letztendlich von der Meinung einer außenstehenden Person innerlich übernommen haben.

Im Kapitel über Zweifel haben Sie eventuell schon einige Ihrer Zweifel aufgeschrieben und herausgefunden, woher diese kommen. Vielleicht haben Sie schon da festgestellt, dass diese meistens durch andere Menschen entstanden sind. Es war zwar für mich zum Beispiel sehr unangenehm, aufzuschreiben, dass ich glaubte, ich würde nie etwas Berufliches in meinem Leben erreichen, denn das war mir in einer früheren Beziehung über lange Zeit hinweg erst indirekt und irgendwann auch direkt eingeredet worden, bis ich es komplett in meine Gedanken und mein Unterbewusstsein übernommen hatte. Und das hatte einen enormen Einfluss auf mein Leben, ich war völlig verunsichert und habe mir nichts mehr zugetraut, was natürlich dazu geführt hat, dass ich auch nichts aktiv angegangen habe, das mich beruflich weitergebracht hätte.

Daran sieht man wieder gut, dass die Gedanken und Gefühle den Körper und das Leben steuern. Ich habe nicht daran geglaubt, dass ich es schaffe, also warum etwas anfangen und mich darum bemühen, obwohl es vergebens ist? Erst, als ich durch langwierige Arbeit mit mir selbst meine Einstellung verändern konnte und für mich selbst zu glauben anfing, dass ich doch etwas erreichen kann, änderte sich auch mein Leben dementsprechend positiv und ich merkte, dass es einfach nur eine Lüge und ein toxischer Mensch war, die und der mich nicht zu beeinflussen hatte.

Ich denke, an diesem Beispiel sieht man gut, welchen enormen Einfluss die Umwelt hat und weswegen dieses Kapitel so wichtig auf dem Weg zum Erfolg ist. Leider sind Menschen, die einen kritisieren, oftmals aus dem näheren Umfeld und können nicht einfach so auf stumm geschaltet werden. Je nachdem, wer die Person ist oder die Personen sind, gibt es aber verschiedene Möglichkeiten, um zumindest eine Besserung zu erzielen.

Eventuell können Sie das Gespräch suchen und ansprechen, dass es Sie stört, immer wieder negative Kommentare oder ähnliches von der Person zu hören. Konfrontation ist zwar nicht leicht, aber manchmal merken Menschen gar nicht, dass sie jemand anderen mit ihrem Verhalten belasten und haben eigentlich auch überhaupt nicht die Absicht, das zu tun. Da kann den Mut zusammenzunehmen und ein Gespräch zu initiieren sehr hilfreich sein. Ansonsten kann man versuchen, mit der

Person nicht mehr über die eigenen Ziele und Vorhaben zu reden, sondern einfach im Stillen den eigenen Prozess zu durchlaufen und erst am Ende das Ergebnis zu präsentieren. Das ist aber natürlich schwierig, wenn die Person einem sehr nahesteht und viel von dem eigenen Leben mitbekommt. Zumindest können Sie aber versuchen, der Thematik etwas aus dem Weg zu gehen oder auf ein anderes Thema zu lenken. Oftmals reden Personen gern über ihr eigenes Leben, was man sich in dem Fall zunutze machen kann.

Es ist vor allem wichtig, dass Sie erst einmal Stabilität bekommen, also sich selbst sicher in Ihrer Sache werden. Sonst können Sie durch die Kritik von anderen schnell aus dem Gleichgewicht gebracht werden, wodurch die Zweifel wieder mehr Raum bekommen. Wir müssen uns selbst erst einmal an diese neue Situation gewöhnen. Generell sollte man sich aber bei negativen Beziehungen überlegen, ob man vielleicht den Kontakt etwas einschränken und etwas auf Distanz gehen kann. Generell würde ich natürlich empfehlen, sich möglichst oft mit Menschen zu umgeben, die einen positiven Einfluss haben und die einen unterstützen, aber das ist natürlich leichter gesagt als getan. Vielleicht ist so mancher von Ihnen auch ein Einzelkämpfer und kann sich gut allein durch Problemzeiten kämpfen, aber oft ist es schön, Leute an der Seite zu haben, auf die man sich verlassen kann.

Die folgenden Sätze haben sich in meinem Leben als eine relativ gute Richtlinie bewiesen, wenn es um die Meinung meines Umfelds ging:

1. Anstelle immer danach zu suchen, was wir von Anderen bekommen können (sei es Anerkennung, Kraft, Liebe oder etwas anderes), wäre es doch viel schöner, wenn wir uns selbst das geben, was wir brauchen. Natürlich ist es noch besser, wenn andere uns dann zusätzlich damit beschenken, aber in erster Linie sollten wir uns selbst so gut behandeln und wertschätzen, dass wir nicht abhängig von der Wertschätzung

durch andere Menschen sind. Denn dann besteht auch nie die Gefahr, vollkommen in Selbstzweifeln zu versinken und dadurch den Erfolgsweg zu unterbrechen, wenn eine Person uns plötzlich nicht mehr das gibt, was wir sonst immer von ihr bekommen haben. Diese Sicherheit in uns selbst ist wesentlich, um auf Dauer erfolgreich zu sein.

2. Die zweite Regel hat einen ähnlichen Inhalt wie die erste Regel, bezieht sich aber speziell auf das Lob. Natürlich dürfen Sie sich über Lob freuen und es auch gern annehmen. Aber wichtig ist dabei, dass Sie sich genauso wenig von Lob abhängig machen. Wenn man auch ohne die Anerkennung von anderen zufrieden mit sich selbst ist und den eigenen Weg verfolgt, ist es zwar sehr schön, welche zu bekommen, aber nicht notwendig. Das ist ein gravierender Unterschied.

3. Wie geht man aber mit dem Gegenteil von Lob, also Kritik, am besten um? Bei kritischem Feedback sollte man dieses möglichst nüchtern betrachten und auch einen hilfreichen Tipp daraus mitnehmen, wenn sich die Möglichkeit bietet. Lassen Sie sich aber nicht davon erschüttern. Konstruktive Kritik kann hilfreich sein und sie kommt meist von Menschen, die einen auf dem Weg bestärken wollen. Was man allerdings getrost überhören darf, ist die Art von Kritik, die nicht konstruktiv und gut gemeint ist, sondern nur darauf abzielt, Sie schlecht zu machen, also letztendlich gar nichts mit der Realität zu tun hat. Sie werden relativ schnell lernen, diese beiden Arten zu unterscheiden, wenn Sie mit sich selbst im Reinen sind.

Doch wie komme ich zu dem Punkt, so selbstsicher zu werden und mich für meine Fähigkeiten zu schätzen, sodass ich nicht mehr abhängig von Anderen bin? Es gibt keine Pauschalanleitung dafür, aber auch wieder ein paar Punkte, die dabei helfen können.

1. Hinterfragen Sie sich, ob Sie abhängig davon sind, was andere

über Sie denken und denken Sie dann darüber nach, dass das letztendlich eine Illusion ist. Das, was Menschen über Sie denken, entspricht nur dem Anteil, den die anderen Menschen in kurzen Situationen erleben und den Sie durch Ihre subjektiven Erfahrungen auf eine bestimmte Art einordnen. Sie wissen zum Beispiel nicht, wie Sie sind, wenn Sie ganz für sich allein sind. Deswegen sollten Sie nicht versuchen der Sicht anderer entsprechen zu wollen, sondern Ihrer eigenen, die Sie für richtig und lebenswert halten.

2. Entscheiden Sie sich deswegen aktiv für Ihr eigenes Leben und die eigenen Bedürfnisse. Sie dürfen Ihre Ziele verwirklichen, das ist Ihr Leben und Sie sind der Regisseur, der bestimmt, wie es Ihnen gehen darf und was sie erleben dürfen! Was aber natürlich nicht heißen soll, dass Sie von nun an absolut egoistisch handeln und nicht mehr für andere Menschen da sein sollen. Aber es gibt eine Form von gesundem Egoismus, die man nutzen sollte.

3. In dem Zuge ist natürlich sinnvoll zu fragen, was einen wirklich erfüllt. Sie haben das bereits getan, als Sie sich Ihre Ziele aufgeschrieben und diese durch die regelmäßige Visualisierung praktiziert haben oder Sie haben zumindest vor, sie zu praktizieren. Trotzdem schadet es nicht, nun noch einmal darüber nachzudenken und es als Bestärkung zu sehen.

4. Dass man sein wahres Ich auslebt, hat übrigens einen sehr positiven Nebeneffekt: Es lässt einen viel authentischer und glücklicher werden, wodurch man oft für andere Menschen viel angenehmer erscheint und es macht einen auch selbst nicht mehr so verletzlich. Dazu gehört auch, wie im vorherigen Kapitel schon angesprochen, die eigenen Schwächen und Niederlagen zuzugeben, was einen menschlich macht und vielleicht auch Leute in Ihrem Umfeld weniger kritisch gegenüber Ihrem Erfolgskonzept werden lässt. Vielleicht werden Sie auch zum Vorbild für Andere und haben bald Gefährten, die durch Sie inspiriert wurden.

5. Loben Sie sich selbst immer wieder, auch für kleine Dinge, die Sie schaffen. Es hat einen unglaublich guten Einfluss auf das eigene Selbstbild und für die eigene Kraft, wenn Sie sich selbst zugestehen, wie viele gute Dinge Sie tagtäglich erreichen. Ja, Sie dürfen sich auch loben, wenn Sie an einem Tag visualisiert haben, an dem Sie am liebsten nur die Decke über den Kopf gezogen hätten. Sie dürfen sich auch dafür loben, wenn Sie irgendeine Kleinigkeit gemacht haben, die Ihnen gutgetan hat. Und natürlich für jeden Tag, an dem Sie für Ihr Ziel kämpfen. Vielleicht können Sie sogar ein festes Ritual daraus machen, abends kurz zu reflektieren, was Sie an dem Tag Gutes für sich getan haben und sich selbst dafür danken. Klingt im ersten Moment etwas arrogant, das ist es aber nicht. Es wird einfach Ihrem Selbstwert guttun und der ist schließlich ein wichtiger Bestandteil für den Erfolg im Leben.

Nun aber noch einmal zurück zum Thema Umwelt. Schon seit der Kindheit sind wir darauf ausgerichtet, der Meinung anderer über uns zu glauben, weil unsere Eltern, beziehungsweise unser Umfeld dies so vorleben. Diese erlernte Eigenschaft zieht sich dann durch unser ganzes Leben. Es handelt sich aber immer nur um die Ansicht und Meinung anderer und nicht eine objektive Wahrheit, denn die kann niemand von uns haben. Oft projizieren andere Menschen ihre eigene Gefühlswelt und ihre Erfahrungen auf ihr Gegenüber.

Das ist an sich auch nichts Verwerfliches, schließlich kann sich niemand von seinen Erfahrungen einfach freisprechen. Aber das kann belastend sein, wenn Sie sich selbst eine viel positivere und zielstrebigere Einstellung erarbeitet haben und noch damit zu kämpfen haben, die Meinung anderer nicht so sehr an sich heranzulassen. An folgendem Beispiel lässt sich das gut festhalten: Person 1 hat eine Vision. Sie möchte ein kleines Café eröffnen, in dem auch arme Menschen ein Stück Kuchen essen können, dadurch, dass etwas wohlhabendere Leute dort Spenden für diese Menschen abgeben können. Eine wundervolle Idee, von der sie jeden Tag träumt und für die sie mit vollem Herzblut einsteht. Sie kommt mit Person 2 ins Gespräch und erzählt begeistert davon, aber Person 2 ist davon so überhaupt nicht überzeugt. Ohne ein positives Wort zu verlieren, kritisiert Person 2, dass das naiv wäre, weil Leute nun mal egoistisch handeln und dass Person 1 gar keinen Laden führen könnte, weil das eine sehr schwere Aufgabe mit unsicherem Einkommen sei.

Eine Person, die selbst glücklich und optimistisch ist und Ziele vor Augen hat, würde nicht versuchen eine andere Person schlecht zu reden – warum auch, sie braucht keinen anderen herunterzumachen, um sich besser zu fühlen, weil sie sich aus sich heraus schon gut fühlt und das auch an andere Leute weitergeben möchte.

Aber eine Person, die mit dem eigenen Leben unzufrieden ist oder negative Denkmuster in sich hat, wird auch negativ bei anderen reagieren, sei es aus Neid oder einfach, weil diese Struktur so tief im Unterbewusstsein verankert ist, dass sie nicht anders kann. Natürlich spielen auch immer gesellschaftliche Werte und Moral eine Rolle. Hat man ein Ziel, was in unserer Kultur vielleicht eher unüblich ist, gilt man schnell als seltsam.

Aber letztendlich ist die Kultur auch nur etwas, was wir, ohne zu hinterfragen, übernommen haben und stellt kein festgeschriebenes Gesetz dar. (Ich meine aber damit natürlich nicht, dass man Ziele haben sollte, die aus einem guten Grund verachtet oder verboten sind und auf irgendeine Weise jemand anderen beeinträchtigen!) Zum Glück können wir aber schließlich unsere eigene Wahrheit entstehen lassen. Wir können neue Synapsen und auch andere elektrische Impulse entstehen lassen, die nach unseren Vorstellungen ausgerichtet sind und nicht nach denen der anderen. Wir können aufhören, uns an das anzupassen, was andere von uns denken und unsere Freiheit ausleben.

Ich bin in diesem Kapitel zum großen Teil darauf eingegangen, wie man mit Menschen umgeht, die eher negativ für den Erfolgsprozess sind. Ich möchte aber natürlich auch die positive Seite betrachten. Eine Person oder ein soziales Netzwerk zu haben, dass einem den Rücken stärkt und mit dem man sich immer wieder austauschen kann, ist sehr ermutigend.

Die Menschen können auch eine Hilfe beim Umsetzen der Visualisierung sein, wie ich bereits erklärt habe. Im Sport suchen sich Menschen oft Trainingspartner, um sich gegenseitig zu motivieren, sich gemeinsam über die erreichten Ziele zu freuen und immer im Hinterkopf zu haben, dass man sich bei Krisen an jemanden wenden kann, der einen auffängt. Genau das funktioniert auch im Sinne der Visualisierung gut.

Manchmal sind Sie anfangs noch nicht von solchen Menschen umgeben, aber es ist gut möglich und sogar ziemlich wahrscheinlich, dass Sie im Laufe Ihres Prozesses solche Menschen kennenlernen, weil sich Ihre Ausstrahlung ändert und Sie andere Menschen anziehen als früher.

7. Berühmte Persönlichkeiten

Die Visualisierung ist mittlerweile aufgrund ihrer eindrucksvollen Wirkungsweise ein oft genutztes Hilfsmittel zum Erfolg und ich finde es immer ganz interessant und hilfreich, ein paar bekannte Beispiele zu haben. Diese zeigen nämlich sehr eindrucksvoll, dass die Technik der Visualisierung funktioniert und dass es vor allem überhaupt nicht verwerflich ist, sehr hohe Ziele zu haben, die andere für nicht möglich halten.

Eins der besten Beispiele ist der sehr bekannte Arnold Schwarzenegger, ein Politiker und Schauspieler, der aber vor allem für seinen Erfolg im Bodybuilding bekannt wurde. Schon damals nutzte er, um seinen Traumkörper zu erlangen, die Macht der Visualisierung und stellte sich selbst immer wieder mit dem muskulösen Körper seines Vorbilds, des Bodybuilders Reg Park, vor.

Er visualisierte und arbeitete hart für seinen Traum und erreichte damit noch viel mehr als erträumt. Aber auch in den anderen Bereichen seines Lebens setzte er die Technik ein und wurde so auch politisch und als Schauspieler sehr erfolgreich. Diese Vielseitigkeit zeigt sehr gut, dass Visualisierung in jedem Bereich des Lebens wirkungsvoll sein kann. Generell kann man aber besonders bei Sportlern oft feststellen, dass sie (unbewusst) auf die Technik zurückgreifen. Denn auch Turnierreiter oder Fußballer malen sich genauestens die Bewegungsabläufe und ihr Ziel, beziehungsweise den Erfolg aus.

So auch Philipp Lahm. Der Fußballspieler hat immer wieder die erfolgreichsten Schüsse seines Trainings für die Liga-Spiele visualisiert und fest daran geglaubt, dass er ins Tor treffen wird. Das hat relativ gut funktioniert und ihn zu einem sehr erfolgreichen Fußballspieler gemacht. Ich könnte nun noch einige Sportler aufzählen, allerdings will ich lieber noch einmal auf den Bereich Schauspielerei zurückkommen. Die Schauspielerin Oprah Winfrey ist ein gutes Beispiel dafür, dass auch Menschen mit eher schlechtem Hintergrund es schaffen können, ganz große Ziele zu erreichen. Sie stammt aus ärmlichen, schlechten Verhältnissen, hat schon in jungen Jahren schwere traumatische Umstände erlebt und gehört trotzdem heutzutage zu den reichsten und erfolgreichsten Frauen der Welt. Und auch sie schwört auf die Technik der Visualisierung, sie ist überzeugt davon, man solle seine Ziele so hoch wie möglich setzen, denn genau diesen Punkt kann man erreichen.

Egal, wie das Leben bisher verlaufen ist, jeder hat die Chance, es nach seinen Träumen ausgerichtet zu verändern. Ähnlich war es bei dem Schauspieler Jim Carrey. Als er noch überhaupt nicht bekannt oder erfolgreich war, stellte er sich jeden Abend beim Autofahren vor, wie er mit anerkannten Produzenten zusammenarbeitete, die von seinem Talent begeistert waren. Außerdem erstellte er sich selbst einen unechten Scheck im Wert von 10 Millionen aus, der ihn tagtäglich motivierte seinen Traum weiterzuverfolgen. Es dauerte zwar ein paar Jahre, aber letztendlich passierte genau das, was er die ganze Zeit visualisiert hatte. Er hat nie aufgegeben, voller Euphorie an seine Zukunft zu denken und nicht damit aufgehört, bis es Realität wurde.

Ich finde diese Geschichten wahnsinnig motivierend und hoffe, dass sie Ihnen auch noch einmal vor Augen führen, dass Sie das Leben Ihrer Träume leben können, ganz egal, wie das für Sie aussehen mag.

8. Mantra

Bevor wir zum Schluss des Ratgebers kommen, möchte ich Ihnen noch ein paar Worte mitgeben, die mir als Glaubenssätze sehr geholfen haben. Ich wiederhole Sie immer wieder wie eine Art Mantra und ich biete Ihnen an, dieses Mantra oder etwas Ähnliches auch in Ihren Alltag zu integrieren, als eine weitere Art, Ihr Selbstbewusstsein zu stärken.

Jeder auf dieser Welt ist ein einzigartiges Wesen, dass es verdient hat, seine Träume auszuleben und sich verwirklichen zu dürfen. Ich bin eines davon.

Ich habe eine Berufung, die ich tief in mir finde und die eine unendliche, niemals versiegende Quelle von Freude und Motivation ist.

Ich setze meine Ziele hoch und gebe meine ganze Energie und Hoffnung in die Visualisierung dieses Ziels, denn nichts wird mich davon abhalten können, es zu erreichen.

Ich gebe mich auch nicht mit weniger zufrieden, denn ich werde genau das erreichen, was ich erreichen möchte.

Ich bin einzigartig und keine Kopie von anderen, ich verwirkliche das, was für MICH das Richtige ist.

Ich bin frei und habe alle Kraft, die ich brauche, in mir. Ich erreiche mein Ziel. Ich bin erfolgreich.

9. Bonus: Praxistipps

CHECKLISTE: MIT ERFOLG VISUALISIEREN

Ich habe mich mit mir selbst, meinen Gedanken und Gefühlen auseinandergesetzt.	
Ich habe ein konkretes Ziel festgelegt	
Ich bin mutiger und habe einen starken Willen	
Im Umgang mit meinen Gedanken bin ich positiv eingestellt	
Ich trainiere gezielt auf mein konkretes Ziel hin und denke positiv	
Ich nutze die für mich passenden Hilfsmittel	
Ich werde aktiv!	

MENTALTRAINING FÜR AKTIVE GEHIRNREGIONEN

So können Sie den Effekt von Mentaltraining erleben

Denken Sie zurück an ein **wunderschönes Urlaubserlebnis**. Ein wahrer Traumurlaub, als Sie am Strand lagen und Sie die Sonne genießen konnten. Kein Stress, keine Termine, keine Probleme. Stellen Sie sich all die **Details** möglichst genau vor: Der Geruch des salzigen Wassers, die leichte Brise, das Gefühl vom warmen Sand unter Ihren Füßen.

Je tiefer Sie **in diese Vorstellung eintauchen**, desto entspannter werden Sie – ganz egal, wo Sie sich gerade befinden. Selbst wenn Sie im größten Stress feststecken, ein Problem nach dem anderen auftritt und es draußen bei knapp über Null Grad regnet. Durch das Mentaltraining werden die gleichen Reize noch einmal gesetzt, Ihr Gehirn fühlt sich tatsächlich an den Strand zurückversetzt und es entstehen dieselben positiven Effekte, als würden Sie mit den Füßen im Sand stehen.

Mentaltraining funktioniert jedoch **nicht nur positiv**, sondern auch mit negativen Gedanken und Emotionen. Wenn Sie sich Horrorszenarien ausmalen und detailliert vorstellen, wie Sie scheitern und versagen, fühlen Sie sich genau so elend, als wäre ein Vorhaben bereits misslungen.

Quelle: https://karrierebibel.de/mentaltraining/#Uebungen-Mentaltraining-zur-Intelligenz

In welchen Bereichen wird Mentaltraining eingesetzt?

Entspannung und Beruhigung

Angst

Selbstbewusstsein

Kognition

Übungen für aktive Hirnzellen und Intelligenz

1. Welcher Buchstabe ist der nächste?

W – U – Q – O – K – I – ?

2. Zwei Autos starten vom gleichen Ausgangspunkt auf eine identische Strecke.

Das erste Auto macht sich genau zwei Minuten früher als das zweite auf den Weg.

Das erste Auto ist mit 40 km/h unterwegs und das zweite mit 90 km/h. Bei welchem Kilometer treffen sie sich?

3. Welche Zahl gehört in das offene Feld?

42	-	-	**170**
93	-	-	**840**
18	-	-	**26**
54	-	-	**274**

67 - - - ?

4. Welche Zahl passt nicht in die Reihe?

198 - 497 - 132 - 561 - 275 - 352

5. 17 Personen haben ein Produkt bewertet ...

... und im Durchschnitt zwei von zehn Punkten vergeben. Nach Verbesserungen am Produkt testeten es 15 von ihnen noch einmal, woraufhin die Durchschnittsbewertung auf fünf von zehn Punkten stieg. Welcher Wert wurde bei der zweiten Bewertung im Durchschnitt vergeben?

6. Welche Zahl ist die nächste?

4 - 5 - 5 - 7 - 14 - 17 - 51 - 55 - ?

7. Um die Namen der vier Länder herauszufinden, müssen zunächst die Buchstabencodes entschlüsselt werden. Wie lauten sie?

1) XZMZWZ 2) URMMOZMW 3) NVCRXL 4) RGZORVM

Hinweis zum besseren Verständnis: Die einzelnen Buchstaben stehen in Wahrheit für jeweils andere.

8. Welcher Buchstabe kommt als nächster?

B – Y – D – W – F – U – H – ?

9. Sie haben diese Gleichung vorliegen

2 ? 3 ? 5 ? 7 ? 9 = ?

Jedes Fragezeichen muss durch ein mathematisches Zeichen ersetzt werden: Plus, minus, geteilt durch und multipliziert mit. Jedes der vier Zeichen kann nur einmal verwendet werden. Was ist die kleinste mögliche Zahl, die am Ende in der Gleichung herauskommen kann?

10. Eine Familie plündert ihr Sparschwein

Es enthält genau 25,80 Euro.

Es enthält Münzen mit vier verschiedenen Werten, die mit dem höchsten Wert ist die 1-Euro-Münze.

Jede Münze ist gleich oft im Sparschwein enthalten.

Wie viele Münzen gibt es jeweils und welche Werte haben sie?

Quelle: https://karrierebibel.de/mentaltraining/#Uebungen-Mentaltraining-zur-Intelligenz

LÖSUNGEN

Auflösung Frage 1

E.

Vom Ende des Alphabets ausgehend vier Buchstaben nach vorne gehen, dann zwei, dann wieder vier, dann wieder zwei und immer so weiter.

Auflösung Frage 2

Kilometer 2,4.

Auflösung Frage 3

409.

Sie multiplizieren die Zahl auf der linken Seite mit der ersten Ziffer und addiere dann die zweite Ziffer, um den Wert der Zahl auf der rechten Seite zu erhalten.

Auflösung Frage 4

497.

Die beiden äußeren Ziffern zusammenaddiert ergeben die mittlere Ziffer.

Auflösung Frage 5

8.4

Auflösung Frage 6

220.

Eins addieren, mit eins multiplizieren, dann zwei addieren, mit zwei multiplizieren, dann drei addieren, mit drei und so weiter

Auflösung Frage 7

1. Kanada
2. Finnland
3. Mexiko
4. Italien

(A=Z, B=Y, etc.)

Auflösung Frage 8

Der zweite Buchstabe von vorne, der zweite von hinten, der vierte Buchstabe von vorne, der vierte von hinten usw.

Auflösung Frage 9

Minus 60,4.

Erst addieren, dann teilen, subtrahieren und multiplizieren.

Auflösung Frage 10

15 Münzen zu 2 Cent, 20 Cent, 50 Cent und 1 Euro.

Quelle: https://karrierebibel.de/mentaltraining/#Uebungen-Mentaltraining-zur-Intelligenz

MEDITATION FÜR POSITIVE GEDANKEN

Durch Meditation beruhigt sich der Geist und hilft als Technik zur inneren Ruhe und Stille.

Formen und Meditationstechniken

Aktive Meditation:
Yoga
Kampfkünste
Gebete und Mantras
Tantra
Tanz
Gehmeditation

Passive Meditation:
Konzentrationsmeditation
Achtsamkeitsmeditation

Positive Wirkung der Meditation:
Bessere Konzentration
Mehr Freude und Energie
Bewussterer und gesünderer Lebensstil
Weniger Schmerzen
Positive Effekte auf Herz-Kreislauf-Erkrankungen
Längere Lebenserwartung

Fokussierter denken

Gedankenspiralen aufbrechen

Stressauslöser erkennen

Ruhe finden

Ängste reduzieren

Sich innerlich befreien

Denk Augenblick genießen

Ideen entwickeln

Mentale Kraft tanken

Bessere Lösungen finden

Schritt für Schritt-Anleitung

1. Suchen Sie sich einen geeigneten Ort zur Meditation
2. Eliminieren Sie Ablenkungen
3. Kleiden Sie sich bequem
4. Führen Sie Regelmäßigkeit ein
5. Legen Sie einen zeitlichen Rahmen fest
6. Finden Sie die richtige Haltung (Sitzhaltung, bequem aber aufrecht)

   Schneidersitz, Fersensitz, Lotussitz, Stuhl
7. Lassen Sie sich Zeit am Ende der Meditation
8. Geben Sie nicht vorschnell auf

Beispiel für eine geführte Meditation (mit Text)

Nervosität und innere Anspannungstellen sich bei Prüfungen fast schon automatisch ein. Das Dumme: Sie können damit gar nichts bewirken. Zwar sorgt ein gewisses Maß an Aufregung für die notwendige Aufmerksamkeit (Sie sind wach und konzentrieren sich auf das, was ansteht). Andererseits kann sie zu einem Tunnelblick führen.

Bestimmte Dinge –etwa wenn Sie darauf warten, dass eine andere Person Ihnen benötigte Informationen oder Materialien zukommen lässt –können Sie ohnehin nicht beeinflussen, weshalb die innere Unruhe alles andere als zweckdienlich ist.Ziel einer Meditation gegen innere Unruhe ist es also, zu mehr Gelassenheit zu finden.

Die Schwierigkeit besteht darin, sich einerseits zu entspannen und gleichzeitig zu konzentrieren. Wenn die Gedanken abschweifen, dann sind gerade Anfänger schnell wieder bei Problemen –was wiederum zum Grübeln führen kann. Genau das soll verhindert werden. Eine Meditation zur Atmung steht daher am Anfang.

Durchgeführt wird sie, indem Sie sich für fünf bis 20 Minuten an einen ruhigen Ort zurückziehen.Nehmen Sie eine entspannte Haltung ein –das kann im Liegen auf einem angenehmen Untergrund (Yogamatte) sein oder im Sitzen (Yogasitz, Lotussitz), beispielsweise an eine Wand angelehnt.Diese Anfängermeditation besteht nur darin, ruhig zu atmen. Abschweifende Gedanken fangen Sie wieder ein, indem Sie Ihre Atemzüge von eins bis zehn zählen, dann wieder von vorn beginnen. Beenden Sie die Atemmeditationmiteinem akustischenSignal (beispielsweise mit einem zuvor eingestellten Klingelton des Handys).

Für die folgende Meditationsübung reicht es, sich zehn bis fünfzehn Minuten Zeit zu nehmen. Ziehen Sie sich dafür an einen ruhigen Ort zurück.Nach jedem folgenden Absatz machen Sie ein bis zwei Minuten Pause.Setzen Sie sich hin und nehmen Sie dabei eine aufrechte Position ein, der Rücken bleibt gerade, die Schultern sackennach hinten und unten. Schließen Sie die Augen. Führen Sie mit langsamen, gleichmäßigen Bewegungen die Arme über den Kopf und wieder zurück an die Seite. Atmen Sie währenddessen tief durch die Nase ein und durch den Mund wieder aus. Wiederholen Sie dies viermal.

Spüren Sie, wie die Luftströme durch Ihre Nase rein und Ihren Mund rausfließen. Alles Unangenehme, was vor Ihrem inneren Auge erscheint, lassen Sie los, indem Sie es bewusst ausatmen.

Kommen Sie nun in eine gleichmäßige Atmung, bei der Sie durch die Nase ein- und ebenso durch die Nase ausatmen.

Beobachten Sie, wie Ihre Bauchdecke sich hebt und senkt, nehmen Sie Ihre Wirbelsäule wahr, atmen Sie nach innen. Die Arme ruhen an Ihrer Seite.

Jetzt lenken Sie Ihre Gedanken auf angenehme Dinge. Stellen Sie sich vor, Sie gehen am Strand entlang bei schönstem Wetter. Der Himmel ist strahlend blau. Die Sonne kitzelt Ihre Haut, ein leichter Windhauch streicht durch die Haare. Unter Ihren Füßen fühlen Sie feinsten Sand. Ihre Zehen graben sich in den Boden, spielen mit dem Sand. Wohin Sie auch blicken, ist wohltuende Weite und Meer.

Kein Mensch weit und breit, nur Sie und dieser entspannende Ort. Stellen Sie sich das Rauschen der Wellen vor, wie sie an den Strand gelangen und Ihre Fußspitzen umspülen. Nicht weit von Ihnen ist eine Landzunge, die ins Meer ragt. Sie gehen dorthin, das Wasser ist kristallklar und Sie waten einige Schritte tiefer ins Meer.

Sie sehen winzige Fischchen, die im Wasser rings um kleinere Felsbrocken umherschwimmen. Sie beobachten das Treiben. Nach einer Weile gehen Sie wieder zurück zum Strand. Legen Sie sich auf ein Handtuch in den Sand. Schließen Sie die Augen. Hinter Ihren Augenlidern ist eine orange, warme Farbe. Spüren Sie die Wärme des Bodens, der sich ganz Ihrem Körper anpasst. Sie fühlen die angenehme Wärme der Sonne –gerade richtig –auf Ihrer Haut. Sie nehmen den salzigen Duft der Meeresbrise wahr, die um Ihre Nase streift. Sie hören die Rufe der Möwen aus weiter Ferne, durchbrochen vom sanften Rauschen der Wellen nur wenige Meter von Ihnen entfernt. Ein Gefühl der Ruhe und Sorglosigkeit macht sich breit. Sie fühlen sich warm und entspannt, die Glieder ruhen angenehm schwer im Sand.

Währenddessen hebt und senkt sich in aller Ruhe Ihr Brustkorb. Die zuvor nassen Füße trocknen, der Sand, der sie bedeckte, bröckelt langsam ab. Sie wackeln mit den Zehen, um den restlichen Sand abzuschütteln. Sie ballen Ihre Fäuste, spreizen Ihre Finger und kommen langsam zurück ins Hier und Jetzt. Nehmen Sie einen tiefen Atemzug und stoßen Sie die Luft bewusst aus. Öffnen Sie die Augen, nun sind Sie wieder vollkommen wach.

Meditationstext innere Unruhe© Karrierebibel.de

5 Meditationsweisen

Meditation durch Atmung

4-6-8-METHODE FÜR RICHTIGES ATMEN

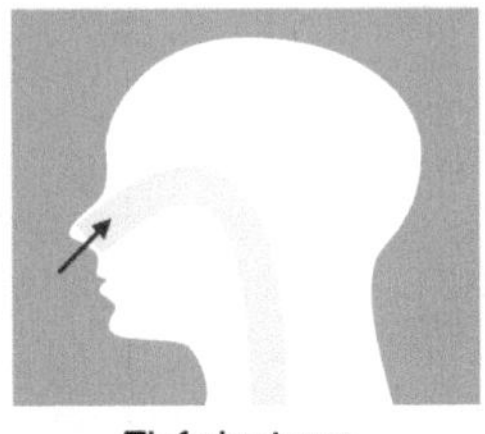

Tief einatmen,
bis 4 zählen.

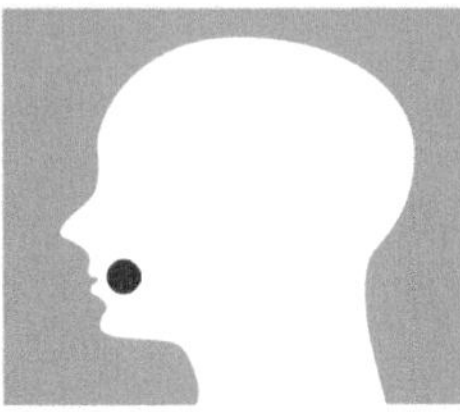

Luft anhalten,
bis 6 zählen.

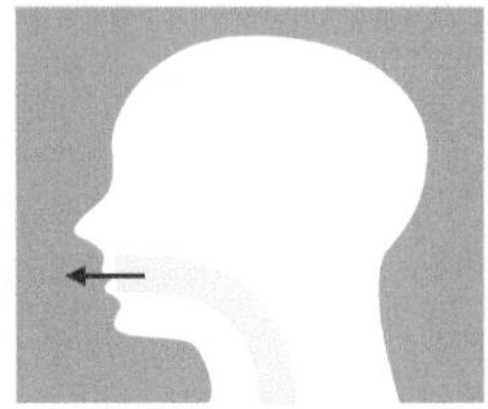

Langsam ausatmen,
bis 8 zählen.

https://karrierebibel.de/wp-content/uploads/2009/09/Atmen-4-6-8-Methode-Stress-Entspannung.png

Meditation durch Achtsamkeit

5 ACHTSAMKEITSÜBUNGEN FÜR DEN ALLTAG UND IHRE 5 SINNE

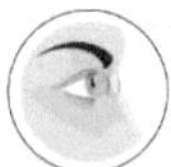

SEHEN:
Betrachen Sie Ihre Umgebung genau? Was nehmen Sie wahr? Welche Eindrücke wecken welche Gefühle dabei?

HÖREN:
Schließen Sie Ihre Augen und achten Sie auf alle Geräusche. Was passiert in Ihrer Umgebung? Was hören Sie?

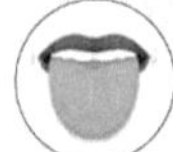

SCHMECKEN:
Kauen Sie Ihre Mahlzeiten länger und intensiver. Wie fühlen sich diese im Mund an? Welche Geschmäcker nehmen Sie wahr?

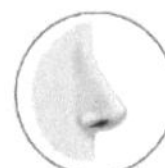

RIECHEN:
Schließen Sie Ihre Augen und nehmen Sie Ihre Umgebung nur über die Nase wahr: Was riechen Sie? Wie intensiv ist was?

FÜHLEN:
Schließen Sie die Augen und ertasten Sie Ihre Umgebung. Den Schreibtisch, die Dinge darauf… Was fühlen Sie dabei?

https://karrierebibel.de/wp-content/uploads/2018/01/Achtsamkeit-5-Uebungen-5-Sinne-schaerfen-Alltag-Mindfulness.jpg

Meditation durch Affirmationen

Du bist stark.
Weil du deine Schwächen kennst.

Du bist mutig.
Weil du dich deinen Ängsten stellst.

Du bist schön.
Weil du dich liebst, wie du bist.

Du bist klug.
Weil du weißt, was du nicht weißt.

Du bist glücklich.
Weil du dich dazu entschieden hast.

karrierebibel.de

https://karrierebibel.de/wp-content/uploads/2019/08/Ermutigungen-Sprueche-Erfolg-03.jpg

Meditation durch Visualisierung

Begeben Sie sich in Ihre Meditationsposition und achten Sie auf eine ruhige, gleichmäßige und tiefe Atmung. Beginnen Sie sich vorzustellen, wie Sie mit jedem Atemzug Energie in sich aufnehmen und beim Ausatmen Stress und Ärger aus dem Körper pusten. Stellen Sie sich dies bildlich vor Ihrem inneren Auge vor, um die positiven Effekte zu verstärken. Anfangs mag das schwer fallen, doch je mehr Sie sich darauf einlassen, desto stärker spüren Sie, wie Sie tatsächlich mehr Energie entwickeln.

Eine weitere Form der Meditation durch Visualisierung ist die Gedankenreise. Denken Sie sich in Ihrer Meditation an einen für Sie wunderschönen, erholsamen und kraftspendenden Ort. Dies kann ein wirklicher Platz sein, den Sie kennen und lieben oder ein reines Fantasiegebilde. Durchlaufen Sie in Gedanken diesen Ort und füllen Sie ihn so gut es geht mit Leben und Emotionen. Gefühle, Gerüche, Farben – je realistischer Ihre Vorstellung, desto größer die Wirkung.

Meditation durch Musik

Sollte es Ihnen bei der Meditation helfen, können Sie diese durch Musik begleiten. Besonders für Anfänger kann dies eine gute Möglichkeit sein, sich nicht nur auf die eigenen Gedanken zu konzentrieren. Stattdessen können Sie Ihre Aufmerksamkeit auf Ihre Atmung und die Musik richten. Wählen Sie dafür ruhige und entspannende Hintergrundmusik. Sie können Hintergrundgeräusche auch mit der oben genannten Meditation durch Visualisierung kombinieren, indem Sie beispielsweise Naturgeräusche einspielen und vor Ihren inneren Augen ein passendes Bild erzeugen, dass durch die Geräusche verstärkt wird.

Quelle: https://karrierebibel.de/meditation/

10. Schlusswort

Nun sind wir tatsächlich schon am Ende dieses Ratgebers angekommen! Ich hoffe, Sie haben einige Tipps mitnehmen können, wie Sie Ihrem Ziel und dem für Sie maßgeschneiderten, erfüllten Leben näherkommen können. Ich finde es immer wieder gut zu wissen, dass letztendlich nur mein Kopf mir Grenzen setzt, die sich aber glücklicherweise auflösen lassen und dass ich somit alles erreichen kann, wenn ich mich darauf fokussiere und einlasse. In diesem Zuge möchte ich Ihnen noch einen abschließenden Spruch mit auf den Weg geben: „Dem Geist sind keine Grenzen gesetzt, außer denen, die wir als solche anerkennen." (Napoleon Hill)

Die Welt ist so groß und es gibt so viele Möglichkeiten, die sich verwirklichen lassen! Gehen Sie also hinaus, genießen und leben Sie Ihre individuellen Träume in vollen Zügen. Für mich war es wie eine Art Befreiung, die Technik des Visualisierens zu erlernen und zu merken, wie sie mein Leben endlich in die Richtung veränderte, die ich mir schon so lange gewünscht habe.

Vor allem, weil diese positive Veränderung niemals aufhört. Es gibt immer wieder wunderbare, neue Ziele, die sich visualisieren lassen und Sie können sich wie ein kleines Kind auf die ganzen Abenteuer und großartigen Erfolge freuen, die Sie noch erleben dürfen. Die Visualisierung ist mittlerweile ein so wesentlicher Teil meines Tages geworden, dass ich mir gar nicht mehr vorstellen kann, ohne diese tägliche, positive Motivation zu leben.

Das wird Ihnen bestimmt bald auch so ergehen, denn ich hoffe, Sie entfalten nun schnell Ihre Superkraft und können mit diesem wertvollen Schatz die schönen Gefühle und Erfolgserlebnisse erleben, die Sie verdient haben. Und vergessen Sie nicht: Sie werden nie alle zufriedenstellen können, also stellen Sie doch zumindest sich selbst zufrieden.

Ich wünsche Ihnen alles Gute und viel Freude beim Visualisieren!

11. Quellen

Anna Williams: *8 Successful People Who Use The Power Of Visualization*. Verfügbar unter: https://www.mindbodygreen.com/0-20630/8-successful-people-who-use-the-power-of-visualization.html. Zuletzt aufgerufen am: 02.04.2020.

Dr. Evelin Fräntzel (2020): *Was sind Affirmationen? – Wirksamkeit und Methode*. Verfügbar unter: https://www.meditationsuebung.de/affirmation_suggestion.html. Zuletzt aufgerufen am: 05.04.2020.

Dr. Ulrich Warnke (2014): *Wie das Bewusstsein „Wirklichkeit schaltet"*. Verfügbar unter: https://www.youtube.com/watch?v=lVhFhR_lSdw. Zuletzt aufgerufen am: 08.04.2020.

Gedankenwelt (2017): *Mit kreativer Visualisierung zum Erfolg*. Verfügbar unter: https://gedankenwelt.de/mit-kreativer-visualisierung-zum-erfolg/. Zuletzt aufgerufen am: 06.04.2020.

Lernhelfer: *Äquivalenz von Masse und Energie*. Verfügbar unter: https://www.lernhelfer.de/schuelerlexikon/physik-abitur/artikel/aequivalenz-von-masse-und-energie#. Zuletzt aufgerufen am: 27.03.2020.

Malou Tschöke: *Intuition stärken – in vier Schritten zurück zur Stimme des Herzens*. Verfügbar unter: https://erliebe-dich.de/intuition-staerken/. Zuletzt aufgerufen am: 05.04.2020.

Meditation: Quelle: https://karrierebibel.de/meditation/. Zuletzt aufgerufen am: 05.04.2020.

Mentaltraining: https://karrierebibel.de/mentaltraining/#Uebungen-Mentaltraining-zur-Intelligenz. Zuletzt aufgerufen am: 05.04.2020.

Marco Rado (2012): *Integrative Neurokardiologie – Die Herz-Geist-Beziehung*. Verfügbar unter: https://www.iak-freiburg.de/wp-content/uploads/201409rado2integrative-neurokardiologie2012.pdf. Zuletzt aufgerufen am: 09.04.2020.

Patrick Kammerer (2016) [2015]: *Feel Go(o)d*, Antwort: Sheema Medien Verlag.

Pierre Franckh (2007): *Erfolgreich wünschen*, Burgrain: KOHA-Verlag GmbH.

Pierre Franckh (2015) [2008]: *Einfach glücklich sein!*, München: Wilhelm Goldmann Verlag.

Stefan Seidner Britting: *Gedanken*. Verfügbar unter: https://secret-wiki.de/wiki/Gedanken. Zuletzt aufgerufen am: 08.04.2020.

App:

Lift Worldwide Inc. (2015): *Coach.me – Goals and Habits*. Verfügbar unter: https://apps.apple.com/de/app/coach-me-goals-habits/id530911645.

Filme:

Rhonda Byrne (2007): *The Secret – Das Geheimnis.*

Victor Salva (2009): *Peaceful Warrior – Der Pfad des friedvollen Kriegers.*

Wir danken Ihnen für Ihr Interesse und Ihr Vertrauen. Als Dankeschön dafür, haben wir eine besondere Überraschung. Sie wollen erfolgreicher sein und nicht länger im Schatten anderer stehen? Probieren Sie unsere 21-Tage-ErfolgsChallenge aus. Das Beste: Sie erhalten diese vollkommen kostenlos. Das klingt wunderbar? Dann warten Sie nicht lange und holen Sie sich Ihr Gratis-Geschenk.

Hier geht es zu Ihrem Gratis-Geschenk:

https://forms.gle/E1Np37GmgeqHET7R7

1. **Öffnen Sie die Kamera-App auf Ihrem Smartphone und richten Sie die Kamera auf den QR-Code.**
2. **Klicken Sie auf den Link, der Ihnen angezeigt wird und schon werden Sie zur Website weitergeleitet.**

Impressum

Herausgeber: Orbita Media Verlag GmbH & Co. KG / Ericusspitze 4 / 20457 Hamburg
Kontakt: kontakt@empireofbooks.de
Website: https://empireofbooks.de
Coverbild: Shutterstock